职业教育提质培优人文素养系列丛书

诵读，伴思想航船远行

（第一册）

张伟斌　奚必政　赵建康　主　编

中国商业出版社

图书在版编目（CIP）数据

诵读，伴思想航船远行. 第一册 / 张伟斌，奚必政，赵建康主编. -- 北京：中国商业出版社，2022.8
（职业教育提质培优人文素养系列丛书）
ISBN 978-7-5208-2113-1

Ⅰ.①诵… Ⅱ.①张… ②奚… ③赵… Ⅲ.①人文素质教育 – 职业教育 – 教材 Ⅳ.①G40-012

中国版本图书馆CIP数据核字（2022）第117325号

责任编辑：管明林

中国商业出版社出版发行
（www.zgsycb.com 100053 北京广安门内报国寺1号）
总编室：010-63180647 编辑室：010-83114579
发行部：010-83120835/8286
新华书店经销
句容市排印厂印刷
*
787 毫米×1092 毫米 16开 12.25 印张 233千字
2022年8月第1版 2022年8月第1次印刷
定价：39.80元
****

职业教育提质培优人文素养系列丛书
诵读，伴思想航船远行

编写指导委员会

诵／读／伴／思／想／航／船／远／行
PREFACE | 前言

　　百川归海不是终结，每一滴水都会不自觉地继续向大海深处奔涌荡漾，伴着稻麦香，虫鸟声；带着山的呼唤，河的嘱托。文学撷英是一种自觉的启程。从古今中外优秀作品汇聚而成的文学海洋中采撷精粹，是为了再出发。这些精粹植根于关爱生命的人格基座，闪耀着文化感受的灵气浪花，在思接千载、视通万里的时空中跳动，引领思想航船向着未来远行。

　　历经千百年洗礼，优秀经典款款走近。相伴而来的，是先行者的美德和智慧，浓缩了辽阔的空间和漫长的时间，把早已飘散的生命信号传递给后来者。诵读经典，不啻一次次与历代贤达的思想交流，更是一场场高贵精神的播洒和传扬。

　　中职教育的目标是把学生培养成为"具有综合职业能力，在生产、服务、技术和管理第一线工作的高素质劳动者和初级专门人才"，在教学组织上有较强的专业针对性和实用性。但中职教育的本质是培养德智体美劳全面发展的社会主义建设者和接班人，思想道德教育的首要地位不能动摇，人文素养教育亟待加强。利用晨读时间开展诵读活动无疑是思想道德教育和人文素养教育的有效举措。

第一，诵读经典有助于健康的世界观、人生观和价值观的形成。中职阶段的学生是未成年人，正处在"三观"形成的最佳时期，好书、好文章的浸润正当其时。

第二，诵读经典有助于学生健全人格，研习礼仪，端正行为，固化伦理道德，提高感悟能力和审美能力。

第三，诵读经典有助于校园文化、专业文化和企业文化建设，构建和谐校园，引领精神文明建设，为社会培养品学兼优的高技能人才。

第四，诵读经典有助于终身学习能力的培养。学习能力从职业教育向后续更广阔的终身教育阶段迁移顺理成章。经典中包含的思考和表达元素正是走出校园、适应社会并实现人生发展的基本要素。

诵读是阅读的一种方式，通过眼、口、耳多种感官直达于心。经典的美好会潜移默化地在诵读者心里生根发芽，变成他对生活品质的要求，不管他在哪里，从事什么职业，这种美好都会伴随终生。

本丛书是基于中职学生学情而选编的适用于晨读或课外阅读的人文素养读本。选文立足中华文化经典，兼顾其他民族优秀作品，古今并蓄、题材广泛、文体多样、篇幅适中、文质兼美、诵读性强，既注重传统文化内涵，又体现当今时代精神。目的在于引导学生通过阅读经典文学作品，初步学会赏析各类文学作品，从而领悟传统文化特别是中国传统文化精神，提升人文素养。

丛书共四册，书名统一为《诵读，伴思想航船远行》，以第一册、第二册、第三册、第四册标识。定性为职业院校读本，各板块主题起始于"德"，落脚在"职"，依次为"大道至简 德行天下""方圆相宜 行稳致远""致福成义 礼达四方""业道酬精 职场赢家"，四册一以贯之。依据学期时序和学生认知发展规律，思想性逐册提升。

各单元编写体例，依次为诵读主体、知人论世、阅读赏析、思考寄语四个部分，即诵读作品，了解作者或作品背景，阅读赏鉴旨要，提炼思想精华并予寄语。

本丛书由江苏省如皋第一中等专业学校（技工学校）、江苏省邳州中等专业学校、江苏省丹阳中等专业学校、江苏省扬中中等专业学校、江苏省张家港中等专业学校、江苏省靖江中等专业学校、江苏省淮海技师学院、江苏省赣榆中等专业学校、镇江高等职业技术学校和江苏省句容中等专业学校（排名不分先后）共10所学校联合编撰。具体分工如下。

第一册：主编为张伟斌（镇江高等职业技术学校）、奚必政（江苏省扬中中等专业学校）、赵建康（江苏省句容中等专业学校）；副主编为周海燕（江苏省邳州中等专业学校）、邵扣宗（江苏省靖江中等专业学校）、吴玲玲（江苏省如皋第一中等专业学校）、姜海洋（江苏省张家港中等专业学校）。

第二册：主编为朱劲松（江苏省张家港中等专业学校）、臧其中（江苏省邳州中等专业学校）、曹江泉（江苏省如皋第一中等专业学校）；副主编为陈彩萍（江苏省扬中中等专业学校）、孙永斌（江苏省淮海技师学院）、陆卫仙（江苏省靖江中等专业学校）、臧翔（江苏省润州中等专业学校）。

第三册：主编为顾卫国（江苏省靖江中等专业学校）、王慈（江苏省赣榆中等专业学校）、潘俊（镇江高等职业技术学校）；副主编为刘剑（江苏省如皋第一中等专业学校）、汤祯瑞（江苏省句容中等专业学校）、占少志（江苏省丹阳中等专业学校）。

第四册：主编为贾伟（江苏省丹阳中等专业学校）、张兵营（江苏省淮海技师学院）、姚丽霞（江苏省张家港中等专业学校）；副主编为周文统（江苏省赣榆中等专业学校）、闫慧（江苏省邳州中等专业学校）、陈卉（镇江高等职业技术学校）、朱然琪（江苏城市职业学院（张家港办学点））。

参编人员（排名不分先后）：

朱灿明、康文清、李艳、薛汉成、肖杏嵘（江苏省如皋第一中等专业学校）；

孙艳、王琳婷（江苏省邳州中等专业学校）；

刘永波、陈明、张艳（江苏省丹阳中等专业学校）；

张跃（江苏省扬中中等专业学校）；

顾晓惠、徐玲（江苏省张家港中等专业学校）；

侯艳珠、徐霞（江苏省靖江中等专业学校）；

魏雪松、孙建（江苏省淮海技师学院）；

杨雪、张蕾（江苏省赣榆中等专业学校）；

于秉发、王惠、张阳雷（江苏省句容中等专业学校）；

潘志丽、项丽（镇江高等职业技术学校）。

由于编者水平有限，本丛书可能存在一些不足，欢迎广大读者提出宝贵意见。在编写过程中，直接或间接参阅、借鉴、引用了国内外大量文献资料，在此对这些文献的著作者表示诚挚感谢！

编　者

2022年3月

诵／读／伴／思／想／航／船／远／行

CONTENTS 目录

大道至简　德行天下

致福成义 礼达四方

业道酬精　职场赢家

诵读，伴思想航船远行（第一册）

大道至简
德行天下

1 道德经·第二十五章

诵读主体

有物混成，先天地生。寂兮寥兮，独立而不改，周行而不殆，可以为天地母。吾不知其名，强字之曰道，强为之名曰大。大曰逝，逝曰远，远曰反。故道大，天大，地大，人亦大。域中有四大，而人居其一焉。人法地，地法天，天法道，道法自然。

知人论世

《道德经》是中国古代先秦诸子分家前的一部著作，是道家哲学思想的重要来源。

老子，姓李名耳，字聃，一字伯阳，或曰谥伯阳，生卒年不详，籍贯也多有争议，《史记》等记载老子出生于春秋时期陈国。中国古代思想家、哲学家、文学家和史学家，道家学派创始人和主要代表人物，与庄子并称"老庄"。曾被列为世界文化名人，世界百位历史名人之一。

老子的成就主要体现在《老子》一书里。《老子》，又名《道德经》，和《易经》《论语》被认为是对中国人影响最深远的三部思想巨著。此书共计五千字左右，最初称为《老子》而无《道德经》之名。后来称《道德经》，并分为81章，编为上下两篇，上篇《道经》37章，下篇《德经》44章。全书的思想结构是：道是德的"体"，德是道的"用"。

阅读鉴赏

有一个东西浑然而成，在天地形成以前就已经存在。听不到它的声音也看不见它的形体，寂静而空虚，不依靠任何外力而独立长存，永不停息，循环运行而永不衰竭，可以作为万物的根本。我不知道它的名字，所以勉强把它叫作"道"，再勉强给它起个名字为"大"。它广大无边而运行不息，运行不息而伸展遥远，伸展遥远而又返回本原。所以，道大、天大、地大，人也大。宇宙间有四大，而人居其中之一。人取法于地，地取法于天，天取法于"道"，而"道"本性为自然。

《道德经·第二十五章》为老子继前几章"道"论后再次对"道"的直述。老子称"道"广大无边，先天地万物而存在，寂寥独立，运行不息。又言"道"无形无体，超乎人之视听感觉；"道"又与天、地、人"三才"相参，为"域中"（宇宙）"四大"。"四大"中，"道"为首，并为人崇效。

在这里，老子进一步规定"道"为"有物混成"。这"混成"可解释为"涌流长在者，即源源不断而生"（徐梵澄《老子臆解》）。因为"涌流长在""源源不断而生"，所以"道""是个圆满自足的和谐体，对于现象界的杂、多而言，它是无限的完满，无限的整全"（陈鼓应《老子注译及评介》），故"道"不依赖于外界任何东西，老子称它"独立而不改"；但又因为"道"涌流长在、源源不断而生，所以它又是个变体，周而复始地运转着，但它本身不会随着运转变动而消失，在老子这里称为"周行而不殆"。

本章中老子用"寂兮寥兮"来形容"道"，所以在"道"名之外再给"道"命名是困难的，实在要命名也就勉强名"道"为"大"（无所不包）。

接下来老子对"道"体的运行规律作直述，就是"曰逝""曰远""曰反"，即"道是循环运行的，它的运动终将返回到原点（反），这个原点即是一切事物的根源"。在老子那里，"道"既是本体，又是规律，"道"既是"体"又是"用"，一身数任。

由"道"体讲到"道"用，也就是人之用道，老子提出"人法地，地法天，天法道，道法自然"，也就是要人"效法地，效法天，效法道，就是效法自然"（高亨《老子注译》），这里的"效法自然"即顺其自然，无为而治。

思考寄语

　　《道德经》是一部中国古代朴素辩证法的启蒙巨著，拉开了从古至今几千年来人类对自然规律进行探索的序幕。辩证地去看待它，取其精华，弃其糟粕，对我们人生的指导是大有裨益的。当代的青年人理解古代老子的无为论应该以辩证的方法，一分为二地看待，"择其善者而从之，其不善者而改之"。对待竞争，我们要敢于迎接挑战，对待失败和不平等，我们要抱以一种平常心，用合适的方法去改变或适应，而不去盲目地争个鱼死网破。这样有助于保全自己和取得最终的成功，只有厚积才会薄发。

2 上善若水（节选）

上善若水。水善利万物而不争，处众人之所恶，故几于道。居，善地；心，善渊；与，善仁；言，善信；正，善治；事，善能；动，善时。夫唯不争，故无尤。

知人论世

老子，姓李名耳，字聃，一字伯阳，春秋末期人，中国古代思想家、哲学家、文学家和史学家，道家学派创始人和主要代表人物，曾被列为世界文化名人，世界百位历史名人之一。

老子思想对中国哲学发展具有深刻影响，其思想核心是朴素的辩证法。在政治上，主张无为而治、不言之教。在权术上，讲究物极必反之理。在修身上，讲究虚心实腹、不与人争的修持，是道家性命双修的始祖。

阅读鉴赏

最高境界的善行就好像水一样。水善于滋润万物而不与万物相争，停留在众人都不喜欢的地方，所以最接近于"道"。居处良善的地方，心胸善于保持沉静而深不可测，待人善于真诚、友爱和无私，善于恪守信用，为政善于有条有理，办事善于发挥能力，行动善于把握时机。正因为与世无争，所以才不会招惹怨恨，所以没有过失，也就没有怨咎。

本文选自《道德经·第八章》。老子在自然界万事万物中最赞美水，认为水德是近于道的。它没有固定的形体，随着外界的变化而变化；它没有固定的色彩，"染于苍则苍，染于黄则黄"；它没有固定的居所，沿着外界的地形而流动；它最大的特性就是多变，或为潺潺清泉，或为飞泻激流，或为奔腾江河，或为汪洋大海；它川流不息，却没有穷竭之时。

水不像火那么热烈，也不像石那么刚强，但人们都知道，水可以灭火，水滴石穿。先哲曾说："五行之体，水为最微。善居道者，为其微，不为其著；处众之后，而常德众之先。"以不争争，以无私私，这就是水的最显著特性。它滋润万物而不居功，它甘心停留在最低洼、最潮湿的地方，这正是圣人处世的要旨，即"居下不争"。

本文中老子用水的特点和作用来比喻优秀的领导者应该具有的人格特征。老子认为，优秀的领导者具有如水一般的最完善的人格。老子谈水，不谈水对人或万物的帮助，而独辟蹊径地谈论起了水的"不争"，水是世界上最柔和的事物，就算有东西挡住了它，它也会从周边流去，而不会与事物本身相争持；它不论最后通往何处，哪里有路它就会往哪里去，或许通往地狱，或许一去不返，但它依然义无反顾。文末有一句话："夫唯不争，故无尤。"因为你什么也不去争，自然什么也不会失去，这里的不争绝非不思进取，而是善于谦让，在同等机会下让利于他人，或自知不如而退让。其实到最后，你依然会得利，因为不争，所以多了许多朋友，就有了更多得利的机会，正是"夫为不争，故天下莫能与之争"。

思考寄语

> 我们的老祖先将"上善若水"作为立身处世的准则，像水一样，以自己宽广深厚的胸怀、美好的品行来承载万物，包容万物，滋养万物，造福万物，思想境界是多么崇高。他们自强不息，生息繁衍，由弱到强，发展壮大，以其世界上独一无二的五千年文明延续，为他们的子孙后代在亚洲开创了一大片美丽富饶的生存空间。我们也要从自身做起，严格要求自己，要有谦卑之心，对他人要有宽容之心，面对功名利禄而不与他人争，像水一样善利万物，默默无闻，不求回报。

3 克己复礼为仁

颜渊问仁,子曰:"克己复礼为仁。一日克己复礼,天下归仁焉。为仁由己,而由人乎哉?"

颜渊曰:"请问其目?"子曰:"非礼勿视,非礼勿听,非礼勿言,非礼勿动。"

颜渊曰:"回虽不敏,请事斯语矣。"

知人论世

节选自《论语》。《论语》是儒家经典之一,是一部以记言为主的语录体散文集,主要以语录和对话文体的形式记录了孔子及其弟子的言行,集中体现了孔子的政治、审美、道德伦理和功利等价值观。

颜回(前521—前481),别称为颜子、颜渊,字子渊,春秋末期鲁国人,是孔子最得意的弟子,是孔门十哲之一、孔门七十二贤之首,儒家五大圣人之一,《论语》编撰者之一。《论语·雍也》说他"一箪食,一瓢饮,在陋巷,人不堪其忧,回也不改其乐"。为人谦逊好学,"不迁怒,不贰过"。孔子称赞他"贤哉,回也","回也,其心三月不违仁"(《雍也》)。不幸早死。

颜回素以德行著称。严格按照孔子关于"仁""礼"的要求,"敏于事而慎于言"。故孔子常称赞颜回具有君子四德,即强于行义,弱于受谏,怵于待禄,慎于治身。他终生所向往的就是出现一个"君臣一心,上下和睦,丰衣足食,老少康健,四方咸服,天下安宁"的无战争、无饥饿的理想社会。

公元前481年,颜回先孔子而去世,葬于鲁城东防山前。孔子对他的早逝感到极为悲痛,不禁哀叹说:"噫!天丧予!天丧予!"

颜回一生没有做过官,也没有留下传世之作,他的只言片语被收集在《论语》等书中,其思想与孔子的思想基本是一致的。后世尊其为"复圣"。

颜渊问什么是仁。孔子说："抑制自己，使言语和行动都合于礼，就是仁。一旦做到了这些，天下的人都会称许你有仁德。实行仁德要靠自己，难道是靠别人吗？"颜渊说："请问实行仁德的具体途径是什么？"孔子说："不合礼的事不看，不合礼的事不听，不合礼的事不言，不合礼的事不做。"颜渊说："我虽然不聪敏，但让我照这些话去做吧。"

"仁"是孔子思想的一个核心。要在生活中行"仁"，按孔子的说法，就要克己复礼，加强自我约束。也就是说，想要做到这一点就要净化自己的心灵，约束自我的行为。"仁"是用来实践的，不是把"仁"挂到嘴边就可以做到"仁"了。

"礼"并不仅仅是现实生活中我们所谓的"礼貌"，它是一种更高的境界，是人们应该时时刻刻保持的庄严和诚敬。只有内心庄严、诚敬了，才可能对自己所从事的事业有一种切身的爱，才能全心投入，才可能在与人交往中发自内心地处处讲究礼仪，而不会显得虚情假意。否则，即使一时注意了，早晚也会露出马脚。

人的思想是抽象的，是最难把握和控制的，人们随时都可能产生各种各样的念头。欲望太多，内心自然无法平静，无法将精力集中到要从事的事情上去。任何事情想要成功都不是一朝一夕的事，需要坚定的意志和长期的专注。修德做学问，如果缺乏自我约束力，三心二意，肯定无法达到"仁"的境界。学习、工作也是一样，欲望太多、内心浮躁都难以获得成功。因此，我们需要时时刻刻保持清醒，约束自己的行为，不能为一时的利益所迷惑。

克己复礼，自我约束，不仅表现在这些大事情上，小事中也是如此。在与他人的交往过程中，我们总会遇到各种各样的烦恼。不能一遇到烦恼就任性使气，与别人争吵，甚至动手。那样的话，纵然得到发泄，却无法解决问题，还会让别人质疑你的修养。这个时候，我们就要学会约束自己，冷静面对不如意。在与人交往的时候，互相谦让，互相尊重，讲究礼仪，从而激发出人性的光辉。从"礼"出发，就能至"仁"。

对我们而言，开展彬彬有礼教育活动并不是为了恢复一套礼制，更重要的是挖掘礼制背后蕴藏的文化内涵，也就是"仁"的精神内核，弘扬克己复礼的自律意识，让社会运行更加规范有序，让人与人之间更加和谐友爱。我们应该从一些小事入手逐步约束自我，同时注重使内心修为逐步达到庄严、诚敬的境界，只有这样才能逐渐到达孔子所说的"仁"的境界。

孔子在早年的政治追求中，一直以恢复周礼为己任，"克己复礼为仁"，意思是克制自己的私欲，使言行都合于礼，就能达到仁的境界。这些关于礼的思想和言论，在两千多年后的今天，仍然闪耀着道德与理性的光辉。在今天，我们要通过知礼守礼，成为一个仁爱智慧的人，为社会主义和谐社会的构建增添一抹亮丽的色彩。彬彬有礼，从我做起；克己复礼，天下归仁。

4 子路、曾皙、冉有、公西华侍坐

诵读主体

子路、曾皙、冉有、公西华侍坐。

子曰："以吾一日长乎尔，毋吾以也。居则曰：'不吾知也。'如或知尔，则何以哉？"

子路率尔而对曰："千乘之国，摄乎大国之间，加之以师旅，因之以饥馑；由也为之，比及三年，可使有勇，且知方也。"

夫子哂之。

"求！尔何如？"

对曰："方六七十，如五六十，求也为之，比及三年，可使足民。如其礼乐，以俟君子。"

"赤！尔何如？"

对曰："非曰能之，愿学焉。宗庙之事，如会同，端章甫，愿为小相焉。"

"点！尔何如？"

鼓瑟希，铿尔，舍瑟而作，对曰："异乎三子者之撰。"

子曰："何伤乎？亦各言其志也。"

曰："莫春者，春服既成，冠者五六人，童子六七人，浴乎沂，风乎舞雩，咏而归。"

夫子喟然叹曰："吾与点也！"

三子者出，曾皙后。曾皙曰："夫三子者之言何如？"

子曰："亦各言其志也已矣。"

曰："夫子何哂由也？"

曰："为国以礼，其言不让，是故哂之。""唯求则非邦也与？""安见方六七十，如五六十而非邦也者？""唯赤则非邦也与？""宗庙会同，非诸侯而何？赤也为之小，孰能为之大？"

知人论世

孔子，名丘，字仲尼，春秋末期鲁国陬邑（今山东省曲阜市）人，中国古代伟大的思想家、政治家、教育家，儒家学派创始人。

《论语》内容涉及政治、教育、文学、哲学以及立身处世的道理等多方面。早在春秋后期孔子设坛讲学时期，其主体内容就已初始创成；孔子去世以后，他的弟子和再传弟子代代传授他的言论，并逐渐将这些口头记诵的语录言行记录下来，因此称为"论"；《论语》主要记载孔子及其弟子的言行，因此称为"语"。清朝赵翼解释说："语者，圣人之语言，论者，诸儒之讨论也。"其实，"论"又有纂的意思，所谓《论语》，是指将孔子及其弟子的言行记载下来编纂成书。现存《论语》20篇，492章，其中记录孔子与弟子及时人谈论之语444章，记录孔门弟子相互谈论之语48章。

阅读鉴赏

本文通过记述孔子和四个弟子言志的一次谈话，反映了儒家"足食足兵""先富后教""礼乐治国"的政治思想及孔子循循善诱、因材施教的教育方法。

孔子说过："足食，足兵，民信之矣。"（《论语·颜渊》，意思是国家粮食充足，军备充足，百姓就对政府有信心了）"既富矣"，再"教之"（《论语·子路》，意思是先要使百姓富裕起来，然后去教育他们）。"道之以德，齐之以礼，有耻且

大道至简 德行天下

格。"(《论语·为政》,意思是凭借道德来诱导他们,用礼教来使他们思想、行为一致,人民就会懂得廉耻,而且人心归服)子路、冉有、公西华三人言志的具体内容虽各不相同,但有一个共同点,就是先富后教,礼乐治国。孔子对他们三人的志向都是肯定的。"哂"子路,不是认为他的政治主张不对,而是用委婉的态度批评"其言不让"。曾皙的话似乎与政治无关,但他描绘的是一个太平社会的缩影,即形象化的礼乐之治的盛世,所以深受孔子的赞扬。

孔子的政治思想,既有其保守的一面,如他的"礼乐治国"实际上是主张恢复西周的礼乐制度,也有其积极的一面,如"足食足兵""先富后教"的思想,就具有朴素的唯物主义因素。我们对于孔子的政治思想,既不可不加分析地全盘继承,也不可不加分析地全盘否定。

本文第一段中孔子对学生的几次回答,以亲切和蔼的长者作风,给谈话带来轻松和谐的气氛,表现了他教育学生时循循善诱的教学态度。第二段中孔子对学生言志的评论各有侧重点,反映出了他因材施教的教育方法。

这篇短文虽只有三百字左右,但是在语录体的《论语》中算得上长篇,在描写人物语言动作方面相当传神。孔子与学生在一起时的和蔼可亲,循循善诱;子路的坦率和自负;冉有、公西华的谦逊;曾皙的志趣高远和性格洒脱,都一一勾勒得十分清晰、生动。

思考寄语

孔子思想是精练而深邃的,在中华几千年历史发展和当代社会的方方面面,我们不难看到孔子思想的缩影,不难体会和感受到孔子思想对我们深深的教育和启迪。曾皙描写了一个富有诗情画意的情景:"莫春者,春服既成,冠者五六人,童子六七人,浴乎沂,风乎舞雩,咏而归。"这正是儒家通过礼乐治国想要绘就的盛世图景。

5 得道多助，失道寡助

诵读主体

　　天时不如地利，地利不如人和。三里之城，七里之郭，环而攻之而不胜。夫环而攻之，必有得天时者矣；然而不胜者，是天时不如地利也。城非不高也，池非不深也，兵革非不坚利也，米粟非不多也；委而去之，是地利不如人和也。故曰：域民不以封疆之界，固国不以山溪之险，威天下不以兵革之利。得道者多助，失道者寡助。寡助之至，亲戚畔之；多助之至，天下顺之。以天下之所顺，攻亲戚之所畔；故君子有不战，战必胜矣。

知人论世

　　孟子（约前372—前289），名轲，字子舆，邹国（今山东邹城东南）人，战国时期思想家、教育家、政治家、哲学家。儒家学派的主要代表人物之一。在政治上主张法先王、行仁政；在学说上推崇孔子，反对杨朱、墨翟。

　　孟子相传为鲁国姬姓贵族孟孙氏孟共仲（孟恭仲）公子庆父的后裔。父名激，母仉（zhǎng）氏。孟子继承并发展了孔子的思想，但较之孔子的思想，他又加入自己对儒术的理解，有些思想也较为偏激，被后世尊称为"亚圣"。《孟子》一书属语录体散文集，是孟子的言论汇编，由孟子及其弟子共同编写完成，记录了孟子的言行。他提倡仁政，提出"民贵君轻"的民本思想，游历于齐、宋、滕、魏、鲁等诸国，希望追随孔子推行自己的政治主张，前后历时二十多年。但孟子的仁政学说被认为是"迂远而阔于事情"，没有得到实行。最后他退居讲学，和他的学生一起，"序《诗》《书》，述仲尼之意，作《孟子》七篇"。

有利于作战的天气、时令,比不上有利于作战的地理形势;利于作战的地理形势,比不上作战中的人心所向、内部团结。一座方圆三里的小城,有方圆七里的外城,四面包围起来攻打它,却不能取胜。采用四面包围的方式攻城,一定是得到有利于作战的天气、时令了,可是不能取胜,这是因为有利于作战的天气、时令比不上有利于作战的地理形势啊。城墙并不是不高,护城河并不是不深,武器装备并不是不精良,粮食供给也并不是不充足,但是,守城一方还是弃城而逃,这是因为作战的地理形势再好,也比不上人心所向、内部团结。所以,使人民定居下来而不迁到别的地方去,不能靠疆域的边界,巩固国防不能靠山河的险要,震慑天下不能靠武器的锐利。施行"仁政"的君王,帮助支持他的人就多,不施行"仁政"的君王,支持帮助他的人就少。支持帮助他的人少到了极点,连内外亲属也会背叛他;支持帮助他的人多到了极点,天下所有人都会归顺他。凭着天下人都归顺他的条件,去攻打那连亲属都反对背叛的君王。所以,施行仁政的君王不战则已,战就一定能胜利。

本文选自《孟子·公孙丑下》,指站在正义、仁义方面,会得到多数人的支持帮助;违背道义、仁义,必然陷于孤立。中心论点即篇首两句。孟子提出三个概念,即天时、地利、人和,并将这三者加以比较,层层推进。

第一句,作者提出中心论点。由天时、地利、人和三者相互比较组成。中间两个"不如"相连,表示了递进关系,一个比一个重要。这样提出论点,更显得观点鲜明。

第二句,论证"天时不如地利"。以占天时者不能攻破占地利者为例,比较"天时"与"地利"。"三里之城,七里之郭"说明城小而难攻;"环而攻之"说明攻城者攻势强大,占有战斗的主动权;"而不胜"说明攻方失败。战斗会以弱者胜、强者败告终,作者认为攻方之所以敢大军压境,是因为在"天时"上占了优势,但守方可凭借"地利"进行抵抗;攻方久攻不下,军心涣散,必然失败。这样令人信服地证明了"天时不如地利"这一论断的正确性。

第三句,论证"地利不如人和"。以拥有良好的地理条件而终不能守为例,比较"地利"与"人和"的轻重。"城高""池深""兵革坚利""米粟多"指明了守方具有优越的"地利"条件,本可以取得战争的最后胜利。结果却"委而去之",原因就在于内部不"和",有好条件也发挥不了作用,反被虽无"地利"而有"人和"的攻者战胜,这就有力地说明了"地利不如人和"的道理。

第四句,作者用"故曰"二字,将上文提出的观点承接下来,展开论说。先用三个形式相同的否定句说明"域民""固国""威天下"不能仅靠"天时"与"地利"的条件,从反面进一步强调了"人和"的重要性。接着又进一步推论,指出"寡助之至"会众叛亲离,而"多助之至"则天下归顺。一反一正,对比鲜明。最后以"故君子有不战,战必胜矣"作结,将"人和"的重要意义论说得十分透彻,深化了文章的中心。

这则短文采用了类比论证的方法,以战争中的情况作为事例,强调"天时不如地利,地利不如人和",然后类推出治国的道理"得道者多助,失道者寡助"。

思考寄语

今天我们通常用"得道多助,失道寡助"这句话来表示,合乎正义者就能得到多方面的支持与帮助,违背正义者就会陷入孤立无援的境地。在这里,我们把"道"理解为"正义"。那么,什么叫"正义"?"正义"是指"公正的、有利于人民的道理"。这是富于现代气息的理解,然而是和它最初的含义一脉相承的。在世界政治的运作中,是否合乎道义正在成为处理国家与国家、民族与民族之间关系的准则,"得道多助,失道寡助"将会成为未来影响世界政治格局的重要观念。

大道至简 德行天下

6 朋党论(节选)

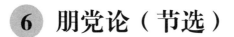

诵读主体

臣闻朋党之说,自古有之,惟幸人君辨其君子、小人而已。大凡君子与君子以同道为朋,小人与小人以同利为朋,此自然之理也。

然臣谓小人无朋,惟君子则有之。其故何哉?小人所好者禄利也,所贪者财货也。当其同利之时,暂相党引以为朋者,伪也;及其见利而争先,或利尽而交疏,则反相贼害,虽其兄弟亲戚,不能自保。故臣谓小人无朋,其暂为朋者,伪也。君子则不然。所守者道义,所行者忠信,所惜者名节。以之修身,则同道而相益,以之事国,则同心而共济,终始如一。此君子之朋也。故为人君者,但当退小人之伪朋,用君子之真朋,则天下治矣。

知人论世

欧阳修(1007—1072),字永叔,号醉翁、六一居士,吉州永丰(今江西省吉安市永丰县)人,北宋政治家、文学家,且在政治上负有盛名。因吉州原属庐陵郡,以"庐陵欧阳修"自居。官至翰林学士、枢密副使、参知政事,谥号文忠,世称欧阳文忠公。后人又将其与韩愈、柳宗元和苏轼合称"千古文章四大家"。与韩愈、柳宗元、苏轼、苏洵、苏辙、王安石、曾巩被世人称为"唐宋散文八大家"。

欧阳修一生淡泊名利,学术上对当时僵化风尚和陈旧价值观进行抵制和反驳。在当时随波逐流、人人自保的人文环境中,欧阳修身居高位,仍坚守大节,保持人格尊严,体现自我的人生价值,对习惯势力和庸俗无聊的生存状态进行抵拒,对社会责任自觉地担当。从他身上,我们可以汲取勇于担当的因子,来培育抵拒庸俗、无聊的抗体。这也是今天纪念欧阳修的重要意义所在。

阅读鉴赏

臣听说关于朋党的言论,是自古就有的,只是希望君主能分清他们是君子还是小人就好了。大概君子与君子因志趣一致结为朋党,而小人则因利益相同结为朋党,这是很自然的规律。

但是臣以为:小人并无朋党,只有君子才有。这是什么原因呢?小人所爱所贪的是薪俸钱财。当他们利益相同的时候,暂时地互相勾结成为朋党,那是虚假的;等到他们见到利益而争先恐后,或者利益已尽而交情淡漠之时,就会反过来互相残害,即使是兄弟亲戚,也不会互相保护。所以,小人并无朋党,他们暂时结为朋党,也是虚假的。君子就不是这样。他们坚持的是道义,履行的是忠信,珍惜的是名节。用这些来提高自身修养,那么志趣一致就能相互补益。用这些来为国家做事,那么观点相同就能共同前进,始终如一。这就是君子的朋党啊。所以,做君主的,只要能斥退小人的假朋党,进用君子的真朋党,那么天下就可以安定了。

本文选自《朋党论》开头部分，起笔不凡。开篇提出"君子有党，小人无党"的观点。对于小人用来陷人以罪、君子为之谈虎色变的"朋党之说"，作者不回避，不辩解，而是明确地承认朋党之有，这样便夺取了政敌手中的武器，而使自己立于不败之地。开头一句，作者就是这样理直气壮地揭示了全文的主旨。它包含三个方面内容：朋党之说自古有之，朋党有君子与小人之别，人君要善于辨别。

作者认为："小人无朋，其暂为朋者，伪也。"但是君子与小人相比，他们的行为完全两样："君子则不然。所守者道义，所行者忠信，所惜者名节。""不然"，即不是这样。"守"，是坚守、遵循的意思。"忠信"，是忠诚、守信，"名节"是名誉、气节。"以之修身，则同道而相益；以之事国，则同心而共济，终始如一。""以之"的"以"，是凭借的意思，"之"，代上面所说的"道义""忠信"和"名节"。这几句是说，凭借道义、忠信和名节来修炼自身，那么君子就有了共同的道德规范，相助而得益，凭借这些为国效力，那么君子就同心协力，始终如一。接着，作者用"此君子之朋也"，强调这些作为与小人截然不同。因此，他得出结论说："故为人君者，但当退小人之伪朋，用君子之真朋，则天下治矣。""退"是斥退、罢黜，"用"是进用。

文章从正面指出朋党的客观存在，指出借口反对朋党的人就结为朋党，说明朋党有本质的不同。这就争取了主动，使作者立于不败之地，文章也由此具有深刻的揭露作用和强大的批判力量，而排偶句式的穿插运用，又增加了文章议论的气势。

思考寄语

　　在《朋党论》中欧阳修这样告诉我们：品德不高尚的小人，是以贪财图利会聚在一起的，他们没有共同的信念。有利可图就一团和气，无利可图就一拍两散。这种人聚集在一起，我们不能称他们为真正的朋友，他们不是志同道合的人。而志趣高尚的君子不同，他们有自己的操守气节，是以"治国平天下"为目的而展开合作的。为了国富民强的"天下大同"，他们愿意凤兴夜寐，奋斗终生。希望同学们都能够拥有君子的友谊。

大道至简　德行天下

7 舜耕历山

　　昔舜耕于历山，期年而田者争处埦埆，以封壤肥饶相让；钓于河滨，期年而渔者争处湍濑，以曲隈深潭相予。当此之时，口不设言，手不指麾，执玄德于心，而化驰若神。使舜无其志，虽口辩而户说之，不能化一人。是故不道之道，莽乎大哉！夫能理三苗，朝羽民，徒裸国，纳肃慎，未发号施令，而移风易俗者，其唯心行者乎！法度刑罚，何足以致之也？是故圣人内修其本，而不外饰其末；保其精神，偃其智故，漠然无为而无不为也，澹然无治也而无不治也。

　　所谓无为者，不先物为也；所谓无不为者，因物之所为。所谓无治者，不易自然也；所谓无不治者，因物之相然也。万物有所生，而独知守其根；百事有所出，而独知守其门。故穷无穷，极无极，照物而不眩，响应而不乏，此之谓天解。

　　《淮南子》（又名《淮南鸿烈》），是西汉皇族淮南王刘安及其门客集体编写的一部哲学著作、道家作品。该书在继承先秦道家思想的基础上，糅合了阴阳、墨、法和一部分儒家思想，但主要的宗旨属于道家。书中保存了一些自然科学史料，同时在说理过程中运用了不少寓言。

　　舜，传说中的远古帝王，五帝之一，姓姚，名重华，号有虞氏，史称虞舜。相传他的父亲瞽叟及继母、异母弟象，多次想害死他：让舜修补谷仓顶时，从谷仓下纵火，舜手持两个斗笠跳下逃脱；让舜掘井时，瞽叟与象却下土填井，舜掘地道逃脱。事后舜毫不记恨，仍对父亲恭顺，对弟弟慈爱。他的孝行感动了天帝。舜在历山耕种，大象替他耕地，鸟代他锄草。帝尧听说舜非常孝顺，有处理政事的才干，把两个女儿娥皇和女英嫁给他；经过多年观察和考验，选定舜做他的继承人。舜登天子位后,去看望父亲,仍然恭恭敬敬,并封象为诸侯。

后人有诗赞曰:队队春耕象,纷纷耘草禽。嗣尧登宝位,孝感动天心。

舜耕于历山的典故,在先秦两汉的文献中有着较为广泛的记载。

舜在历山亲自耕种,一年后,耕田者都争着要耕贫瘠的土地而把肥沃的土地让给他人。舜在河边钓鱼,一年后,渔民都争着要在水浅流急的地方打鱼而将河湾深潭让给别人。

那时的舜既不喋喋不休地说教,也不指手画脚地干预,他只是保持自然无为的信念和德行而感化民众。假如舜没有这种信念和德行,即使能言善辩而挨家挨户去劝说,也不能感化一人。

因此,不可言说的"道",能量真是浩瀚无垠!舜帝能治理三苗之乱,使羽国民众都来朝见,让裸国归顺,接纳肃慎人,都未曾发号施令便能移风易俗,大概就是凭着这种自然无为的信念和德行来做事吧!

靠法度刑罚哪能收到这样的效果?所以圣人注重内在本性的修养,而不修饰外表的枝节,保全精神,偃息奸巧,静默无为,按自然本性去办事,因而没有什么事办不成,坦然地不去刻意治理什么,反而什么都能治理好。

所谓自然无为,是指不超越事物的本性人为地去做;所谓没有什么事办不成,是说顺应了事物的本性。所谓不去治理,是说不改变事物的本性;所谓没有什么治理不好,是指顺应事物的必然性。万物都有其产生、生存的各种具体特性,百事都有其出现、存在的各种具体根据;圣人就是能掌握这些根本、关键的东西,所以能探究无穷无尽的事物,并能明察万物而不受迷惑,响应万物而不会贫乏。这就叫知晓"天然"。

总而言之,舜耕历山,谦和礼让,不是靠着"口辩而户说之"或者为人们制定某种规范,而是凭借自己的生命实践,也即"不道(言)之道(行走在至善之道上)",感化着周围的每一个人,移风易俗,善莫大焉。"让"的原则要求人们有一种内在德行的提升,以每个人的道德和生命实践来达至人与人之间相互关爱、其乐融融的美好秩序。

　　中国先哲所提倡的"让"的政治原则有其非常宝贵的价值。舜耕历山的典故在中国之所以能够如此深入人心，最核心的一点在于，这则典故蕴含着一种极其高尚的政治精神——"让"。在当今时代，受西方政治观念的影响，人们都习惯于在契约（法律）之下各谋其利，人与人之间的关系越来越冷漠，甚至邻居之间也互不相识。生活于当下，我们是否应该更为用心地体味舜耕历山的典故，对于我们的先哲遗留给我们的高超的智慧善加玩味，并更好地加以继承呢？

8 可爱的中国（节选）

　　朋友，不幸得很，从此以后，中国又走上了厄运，环境又一天天地恶劣起来了。经过"五三"的济南惨案，直到"九一八"，日本帝国主义公然出兵占领了中国东北四省，就是我在上面所说的那矮的恶魔，一刀砍下并生吞下我们母亲五分之一的身体。这是由于中国民族革命运动，受了挫折，对于中国进攻采取了"不抵抗主义"，没有积极唤起国人自救所致！但是，朋友，接着这一不幸的事件而起的，却来了全国汹涌的抗日救国运动，东北四省前仆后继的义勇军的抗战，以及"一·二八"有名的上海战争。这些都给了骄横一世的日本军阀一个严重的教训，并在全世界人类面前宣告，中国的人民和兵士，不是生番，不是野人，而是有爱国心的，而是能够战斗的，能够为保卫中国而牺牲的。谁要想将有四千年历史与四万万人口的中国民族吞噬下去，我们是会与他们拼命战斗到最后的一人！

　　朋友，虽然在我们之中，有汉奸，有傀儡，有卖国贼，他们认贼作父，为虎作伥；但他们那班可耻的人，终究是少数，他们已经受到国人的抨击和唾弃，而渐趋于可鄙的结局。大多数的中国人，有良心有民族热情的中国人，仍然是热心爱护自己的国家的。现在不是有成千成万的人在那里决死战斗吗？他们绝不让中国被帝国主义所灭亡，绝不让自己和子孙们做亡国奴。朋友，我相信中国民族必能从战斗中获救，这岂是我们的自欺自誉吗？

　　不错，目前的中国，固然是江山破碎，国弊民穷，但谁能断言，中国没有一个光明的前途呢？不，绝不会的，我们相信，中国一定有个可赞美的光明前途。中华民族在很早以前，就造起了一座万里长城和开凿了几千里的运河，这就证明中华民族伟大无比的创造力！中国在战斗之中一旦斩去了帝国主义的锁链，肃清自己阵线内的汉奸卖国贼，得到了自由与解放，这种创造力，将会无限地发挥出来。到那时，中国的面貌将会被我们改造一新。所有贫穷和灾荒，混乱和仇杀，饥饿和寒冷，疾病和瘟疫，迷信和愚昧，以及那慢性的杀灭中国民族的鸦片毒物，这些等等都是帝国主义带给我们的可憎的赠品，将来也要随着帝国主义的赶走而离去中国了。朋友，我相信，到那时，到处都是活跃的创造，到处都是日新月异的进步，欢歌将代替了悲叹，笑脸将代替了哭脸，富裕将代替了贫穷，健康将代替了疾病，智慧将代替了愚昧，友爱将代替了仇杀，生之快乐将代替了死之忧伤，明媚的花园将代替了暗淡的荒地！这时，我们民族就可以无愧地立在人类的面前，而生育我们的母亲，也会最美丽地装饰起来，与世界上各位母亲平等地携手了。

　　这么光荣的一天，绝不在辽远的将来，而在很近的将来，我们可以这样相信的，朋友！

19

大道至简　德行天下

知人论世

　　方志敏（1899—1935），江西省上饶市弋阳县人，中国共产党革命家、政治家、军事家，杰出的农民运动领袖，土地革命战争时期闽浙（皖）赣革命根据地的缔造者。1935年1月，方志敏因叛徒告密被捕。在狱中，他坚贞不屈，视死如归，1935年8月在南昌英勇就义。作品有《清贫》《可爱的中国》《狱中纪实》等。

阅读鉴赏

　　《可爱的中国》是方志敏烈士就义前在狱中写的自传体散文，它以给朋友写书信的形式，"自述了一个共产党员如何拿自己整个的生命为国为民而战斗的爱国主义的思想和热情"，"是一个伟大的共产党员的非常朴素的"自白，"也是一篇非常真实、优美和有力量的文学作品"（冯雪峰《可爱的中国·影印本说明》）。它义正词严地宣告："真正为工农阶级谋解放的人，才正是为民族谋解放的人"，鼓舞灾难中的中国人民爱护中国，拯救中国。

作者以亲身经历概括了中国从五四运动到第二次国内革命战争以来的悲惨历史，愤怒地控诉了帝国主义肆意欺侮中国人民的种种罪行。他满怀爱国主义激情，象征性地把祖国比喻为"生育我们的母亲"。可是，美丽健壮而可爱的母亲，却正受着"无谓屈辱和残暴的蹂躏"，强盗、恶魔残害她，掠夺她，肢解她的身体，吮吸她的血液，汉奸军阀帮助恶魔杀害自己的母亲。作者高声疾呼："救救母亲呀！母亲快要死去了！"他指出挽救祖国的"唯一出路"就是进行武装斗争，论证"中国是有自救的力量的"，坚信中华民族必能从战斗中获救，并在篇末展示了中国革命的光明前景，描绘出革命后祖国未来的美好幸福的景象，表现了强烈的民族自信。

作品运用了大量的修辞手法，具有鲜明的语言特色，表现了作者精确的描写和强烈的激情相结合的艺术效果。比喻生动，把中国比作"生育我们的母亲"，类似的比喻还有很多，使作品形象生动，增强了艺术感染力。有的地方运用了大量的排比句，如对中国未来光明前途的那段描写，连续运用了八个排比句，使作品体现出排山倒海的气势。

中国现代作家罗宁在《〈可爱的中国〉给我的美学思考》中这样写道："我读过了十种版本的《可爱的中国》。深感这本奇书，给我以自强不息的精神，熏陶了我刚健进取的生命人格。我向它多投入一分精力，多奉献一分情感，就能在它身上寻找到一分真谛、求得一分灵性、收到一分爱的酬报、获得一分美的享受。"

上饶方志敏纪念馆管委会副主任程小波在《炽热之心》中写道：方志敏精神不但感动了中国，而且感动了世界。在《可爱的中国》一文结尾时，方志敏仍谆谆告诫后人："亲爱的朋友们，不要悲观，不要畏馁，要奋斗！要持久的艰苦的奋斗！把各人所有的智慧才能，都提供于民族的拯救吧！"全文感情真挚，爱憎分明，跌宕起伏，文辞优美，充分表现了一位共产主义战士为民族解放而呼号，为领土主权完整而斗争的崇高的爱国主义精神，具有强大的艺术震撼力！

思考寄语

方志敏离我们而去已有八十多年，时光流逝、社会变迁，但他为革命信仰而牺牲的大无畏精神，和不朽名篇《清贫》《可爱的中国》，一同载入民族记忆的光辉史册。他的这篇文章对于传承红色基因，彰显方志敏精神新的时代价值，为实现中华民族伟大复兴的中国梦而努力奋斗，具有重大意义。

9 少年中国说（节选）

大道至简　德行天下

诵读主体

　　故今日之责任，不在他人，而全在我少年。少年智则国智，少年富则国富，少年强则国强，少年独立则国独立，少年自由则国自由，少年进步则国进步，少年胜于欧洲则国胜于欧洲，少年雄于地球，则国雄于地球。

　　红日初升，其道大光。河出伏流，一泻汪洋。潜龙腾渊，鳞爪飞扬。乳虎啸谷，百兽震惶。鹰隼试翼，风尘吸张。奇花初胎，矞矞皇皇。干将发硎，有作其芒。天戴其苍，地履其黄。纵有千古，横有八荒。前途似海，来日方长。

　　美哉，我少年中国，与天不老！壮哉，我中国少年，与国无疆！

知人论世

　　梁启超（1873—1929），字卓如，一字任甫，号任公，又号饮冰室主人、饮冰子。清朝光绪年间举人，中国近代思想家、政治家、教育家、史学家、文学家，戊戌变法（百日维新）领袖之一，中国近代维新派、新法家代表人物。

　　戊戌变法失败后，与康有为一起流亡日本，政治思想上逐渐走向保守，但他是近代文学革命运动的理论倡导者。逃亡日本后，梁启超在《饮冰室合集》《夏威夷游记》中继续推广"诗界革命"，批判了以往那种诗中运用新名词以表新意的做法。在海外推动君主立宪。辛亥革命之后一度加入袁世凯政府，担任司法总长；之后对袁世凯称帝、张勋复辟等严词抨击，并加入段祺瑞政府。他倡导新文化运动，支持五四运动。其著作合编为《饮冰室合集》。

所以，今天的责任，不在别人身上，全在我们少年身上。少年聪明国家就聪明，少年富裕国家就富裕，少年强大国家就强大，少年独立国家就独立，少年自由国家就自由，少年进步国家就进步，少年胜过欧洲，国家就胜过欧洲，少年称雄于世界，国家就称雄于世界。

红日刚刚升起，道路充满霞光。黄河从地下冒出来，汹涌奔泻浩浩荡荡。潜龙从深渊中腾跃而起，它的鳞爪舞动飞扬。小老虎在山谷吼叫，所有的野兽都害怕惊慌。雄鹰隼鸟振翅欲飞，风和尘土高卷飞扬。奇花刚开始孕育蓓蕾，灿烂明丽、茂盛茁壮。干将剑新磨，闪射出光芒。头顶着苍天，脚踏着大地，从纵的时间看有悠久的历史，从横的空间看有辽阔的疆域。前途像海一般宽广，未来的日子无限远长。

美丽呀，我的少年中国，将与天地共存不老！雄壮啊，我的中国少年，他们的精神与胸襟将和祖国大地一样博大辽阔！

《少年中国说》是篇幅较长的政论文，长短交替的句式、韵散结合的文风，被公认为梁启超著作中思想意义最积极、情感色彩最激越的篇章，作者本人也把它视为自己"开文章之新体，激民气之暗潮"的代表作。文章鼓励人们肩负起建设少年中国的重任，表达了作者想要祖国繁荣富强的愿望和积极进取的精神。

本文作于光绪二十六年（1900），文章从驳斥日本和西方列强诬蔑我国为"老大帝国"入手，说明中国是一个正在成长的少年中国。本文所说的"国"，是理想的资产阶级共和国。文章认为封建专制制度和封建官吏已经腐朽，希望寄托在中国少年身上，并且坚信中国少年必有志士，能使国家富强，雄立于地球，反映了作者渴望祖国繁荣昌盛的爱国思想和积极乐观的民族自信心。文章紧扣主题，运用排比句法，层层推进，逐次阐发，写得极有感情，极有气势。

国之振兴，匹夫有责，少年责更重。当年周恩来总理12岁树立"为中华之崛起而读书"的志向，那么，今日的我们该如何立志为国、如何为强国之路而努力呢？我们要知道自己的责任，加强自己的道德修养。少年智则国智，少年强则国强。我们是祖国未来的建设者，不仅要学好科学文化知识，还要有良好的品德修养，只有德才兼备，才能对社会做出较大的贡献。

10 陋室铭

大道至简 德行天下

诵读主体

　　山不在高，有仙则名。水不在深，有龙则灵。斯是陋室，惟吾德馨。苔痕上阶绿，草色入帘青。谈笑有鸿儒，往来无白丁。可以调素琴，阅金经。无丝竹之乱耳，无案牍之劳形。南阳诸葛庐，西蜀子云亭。孔子云：何陋之有？

知人论世

　　刘禹锡（772—842），字梦得，汉族，彭城（今徐州）人，祖籍洛阳，唐朝文学家、哲学家，自称是汉中山靖王后裔，曾任监察御史。唐代中晚期著名诗人，有"诗豪"之称。他出身于世代以儒学相传的书香门第。政治上主张革新，是王叔文派政治革新活动的中心人物之一。后来"永贞革新"失败被贬为朗州司马（今湖南常德）。

　　《陋室铭》作于和州任上（824—826）。作者因在任监察御史期间参加了王叔文的"永贞革新"，反对宦官和藩镇割据势力。革新失败后，被贬至安徽和州县当一名通判。按规定，通判应在县衙里住三间三厢的房子，可和州知县见作者被贬，故意刁难。和州知县先安排他在城南面江而居，作者不但无怨言，反而很高兴，还随意写下两句话，贴在门上："面对大江观白帆，身在和州思争辩。"和州知县知道后很生气，吩咐衙里差役把作者的住处从县城南门迁到县城北门，面积由原来的三间减少到一间半。新居位于德胜河边，附近垂柳依依，环境也还可心，作者仍不计较，并见景生情，又在门上写了两句话："垂柳青青江水边，人在历阳心在京。"那位知县见其仍然悠闲自乐，满不在乎，又再次派人把他调到县城中部，而且只给一间只能容下一床、一桌、一椅的小屋。半年时间，知县强迫作者搬了三次家，面积一次比一次小，最后仅是斗室。作者遂愤然提笔写下这篇

《陋室铭》，并请人刻上石碑，立在门前。

山不在于高，有了神仙就会有名气。水不在于深，有了龙就会有灵气。这是简陋的房子，只是我品德好就感觉不到简陋了。苔痕碧绿，长到台阶上，草色青葱，映入帘里。到这里谈笑的都是博学之人，交往的没有知识浅薄之人，可以弹奏不加装饰的琴，阅读佛经。没有弦管奏乐的声音扰乱耳朵，没有官府的公文使身体劳累。南阳有诸葛亮的草庐，西蜀有扬子云的亭子。孔子说：这有什么简陋的呢？

这篇不足百字的室铭，含而不露地表现了作者安贫乐道、洁身自好的高雅志趣和不与世事沉浮的独立人格。它向人们揭示了这样一个道理：尽管居室简陋、物质匮乏，但只要居室主人品德高尚、生活充实，就会满屋生香，处处可见雅趣逸志，自有一种超越物质的神奇精神力量。

本文在写作上的特点是巧妙地运用比兴手法，含蓄地表达主题，开头四句既是比，又是兴，言山水引出陋室，言仙、龙引出德馨，言名、灵暗喻陋室不陋。用南阳诸葛庐、西蜀子云亭类比陋室，表达了作者关于政治、文学的两大理想，最后引孔子的话作结又暗含"君子居之"的深意。另外，大量运用了排比、对偶的修辞手法。排比句能造成一种磅礴的文势，如开头几句排比，使全篇文气畅通，确立了一种骈体文的格局。作者托物言志，通过对居室的描绘，极力形容陋室的不陋，"斯是陋室，惟吾德馨"这一中心，实际上也是借陋室之名行歌颂道德品质之实，表达出居室主人高洁傲岸的节操和安贫乐道的情趣。

人的物质欲望是永远没有满足的时候的，在人生路上，难道你就愿意把这短暂的一生耗费在对荣华富贵的追求上，最终沾得满身的铜臭味，以致身心疲惫吗？只有不贪慕虚荣，不奢求，安贫乐道，才会有恬适的心情。

11 平凡的世界（节选）

诵读主体

多少美好的东西消失和毁灭了，世界还像什么事也没有发生。是的，生活在继续着。可是生活中的每一个人却在不断地失去自己最珍贵的东西。生活永远是美好的，每个人的痛苦却时时在发生……

伟大的生命，不论以何种形式，将会在宇宙间永存。我们这个小小星球上的人类，也将继续繁衍和发展，直至遥远的未来。可是，生命对于我们来说又多么短暂。不论是谁，总有一天，都将会走向自己的终点，死亡，这是伟人和凡人共有的最后归宿。热情的诗人高唱生命的恋歌，而冷静的哲学家却说：死亡是自然法则的胜利……

美丽的花朵凋谢了也是美丽的。是的，美丽，美丽的花朵永不凋谢；那花依然在他心头开放……

瞧，又是春天了。复苏的万物就是生命的写照。

生活总是美好的，生命在其间又是如此短暂；既然活着，就应该好好地活。

精神上的消沉无异于自杀。

有时候，往往一个极偶然的因素，就可能会改变一个人的生活。

……她懂得幸福不在于自己的丈夫从事什么样的职业，而在于两个人是否情投意合。金钱、荣誉、地位和真正的爱情并不相干——从古到今，向来如此！只要和自己所爱的人在一起，即便到天涯海角去生活也是幸福的。

不知为什么，他猛然间想起了叶赛宁的几句诗：不惋惜，不呼唤，也不啼哭……金黄的落叶堆满我心间。我已经再不是青春少年……

院墙下爆开了一丛金灿灿的迎春花。这就是生命！没有什么力量能扼杀生命。生命是这样顽强，它对抗的是整整一个严寒的冬天，冬天退却了，生命之花却蓬勃地怒放。你为了这瞬间的辉煌，忍耐了多少暗淡无光的日月？你会死亡。但你也会证明生命有多么强大。死亡的只是躯壳，生命将涅槃，生生不息，并会以另一种形式永存。只要春天不死，生命就不会死。就会有迎春的花朵年年岁岁开放。哦，迎春花……

生活似乎走了一个令人难以置信的圆。

但生活又不会以圆的形式结束。生活会一直走向前。

知人论世

路遥（1949—1992），本名王卫国，出生于陕北榆林清涧县，中国当代作家，代表作有长篇小说《平凡的世界》《人生》等。曾任中国作家协会陕西分会副主席。

路遥1949年12月2日出身于陕西陕北山区清涧县一个贫困的农民家庭，7岁时因为家里困难被过继给延川县农村的伯父。曾在延川县立中学学习，1969年回乡务农。这段时间里他做过许多临时性的工作，并在农村一小学教过一年书。1973年进入延安大学中文系学习，其间开始文学创作。大学毕业后，任《陕西文艺》（今为《延河》）编辑。1980年发表《惊心动魄的一幕》，获得第一届全国优秀中篇小说奖。1982年发表中篇小说《人生》，后被改编为电影。1991年完成百万字的长篇巨著《平凡的世界》，该小说以恢宏的气势和史诗般的品格，全景式地表现了改革时代中国城乡的社会生活和人们思想情感的巨大变迁，还未完成即在中央人民电台广播。路遥因此获得茅盾文学奖。1992年11月17日上午，路遥因肝硬化腹水医治无效在西安逝世。

2018年12月18日，党中央、国务院授予路遥"改革先锋"称号，颁授改革先锋奖章，并把他评为鼓舞亿万农村青年投身改革开放的优秀作家。2019年9月25日，路遥被评选为"最美奋斗者"。

阅读鉴赏

《平凡的世界》以延安、延川、铜山为背景，全景式展现了陕北的风土人情，再现了陕北年轻人艰难的奋斗历程。全书共分三部六卷，作者在近十年的广阔背景上，通过复杂的矛盾纠葛，刻画了社会各阶层众多普通人的形象。

《平凡的世界》是从1975年开始创作的，而20世纪80年代中后期的文化背景是各种文学新思潮风起云涌，现代派、意识流等文学观念风靡一时，文学创作在形式和技巧上的求变求新令人目不暇接。与此相反，传统现实主义创作却受到

"冷落"。甚至有批评家认为，路遥的另一部小说《人生》的现实主义创作手法是落伍的，但路遥仍然坚持创作完成了这部小说。

路遥三年准备、三年创作，为了开阔视野、掌握资料，他进行了大量的阅读，包括近百部长篇小说，前后近十年的报纸以及其他相关书籍，过着"早晨从中午开始"的生活，同时，他还奔波于社会各阶层体验生活。

该书以中国20世纪70年代中期到80年代中期的十年间为背景，通过复杂的矛盾纠葛，以孙少安和孙少平两兄弟为中心，刻画了当时社会各阶层众多普通人的形象；劳动与爱情、挫折与追求、痛苦与欢乐、日常生活与巨大社会冲突纷繁地交织在一起，深刻地展示了普通人在大时代历史进程中所走过的艰难曲折的道路。

1991年3月，《平凡的世界》获中国第三届茅盾文学奖。2019年9月23日，该小说入选"新中国70年70部长篇小说典藏"。《平凡的世界》具有强烈的平民意识和抗争意识，它深情关注着普通劳动者的命运，是一部现实主义的巨著。

27

思考寄语

《平凡的世界》是一部伟大的作品，它的影响之大关键在于作品贯注了昂扬的奋斗精神。"人生就是永不休止的奋斗！只有选定目标并在奋斗中感到自己的努力没有虚掷，这样的生活才是充实的，精神也会永远年轻"，咀嚼着这些至理名言，人们对生活充满了信心和希望。从这个意义上看，路遥和他的《平凡的世界》将永远不会被人们遗忘。

大道至简 德行天下

12 爱莲说

　　水陆草木之花，可爱者甚蕃。晋陶渊明独爱菊。自李唐来，世人甚爱牡丹。予独爱莲之出淤泥而不染，濯清涟而不妖，中通外直，不蔓不枝，香远益清，亭亭净植，可远观而不可亵玩焉。

　　予谓菊，花之隐逸者也；牡丹，花之富贵者也；莲，花之君子者也。噫！菊之爱，陶后鲜有闻。莲之爱，同予者何人？牡丹之爱，宜乎众矣！

知人论世

　　周敦颐（1017—1073），原名周敦实，又名周元皓，字茂叔，谥号元公，道州营道楼田保（今湖南省道县）人，世称濂溪先生，是"北宋五子"之一，宋朝理学思想的开山鼻祖，文学家、哲学家。

　　其著有《周元公集》、《爱莲说》、《太极图说》、《通书》（后人整编进《周元公集》）。周敦颐所提出的无极、太极、阴阳、五行、动静、主静、至诚、无欲、顺化等理学基本概念，为后世的理学家反复讨论和发挥，构成理学体系中的重要内容。

　　其哲学思想的核心就是一个"诚"字。"诚"是他关于天道、人道、天人合一之道的最高境界的表达。"诚"主要分为天道本体论和心性本体论两方面。在周敦颐看来，"诚"首先是宇宙存在的根据，是宇宙的本体，即天道本体论。在《太极图说》中，他认为人与万物同样都是二气交感所化生出来的，而其源都是太极，再由太极推及人极，也就是把人的道德、人性看成与宇宙生生过程相同的无极太极、阴阳五行的过程，这样，周敦颐便为他的"诚"的理论奠定了宇宙论的基础。"诚"所体现的心性本体论一个突出的表现便是人的伦理道德。周敦颐如此推崇"诚"，就是坚信人类具有真诚善良的本性。他发展了《中庸》中关于"诚"的思想，从宇宙论进而推演出人道观，建立了以"诚"为本的伦理道德学说。

阅读鉴赏

　　水上、陆地上的各种花草树木，值得喜爱的非常多。晋朝陶渊明唯独喜爱菊花。从唐朝以来，世间的人们非常喜爱牡丹。我唯独喜爱莲花，它从淤泥中长出来，却不沾染污秽，在清水里洗涤过但是不显得妖媚。它的茎中间贯通，外形挺直，不生枝蔓，不长枝节，香气远播，更加清香，笔直、洁净地立在那里，可以远远地观赏但是不能玩弄它。

　　我认为，菊花是花中的隐士；牡丹，是花中的富贵者；莲花，是花中的君子。唉！对于菊花的喜爱，在陶渊明以后很少听到了。对于莲花的喜爱，和我一样的还有谁？对于牡丹的喜爱，当然有很多人了。

　　《爱莲说》是北宋理学家周敦颐创作的一篇散文。这篇文章通过对莲的形象和品质的描写，歌颂了莲花坚贞的品格，从而也表现了作者洁身自爱的高洁人格和洒脱的胸襟。

　　这篇文章可明显分为两部分：第一部分对莲花高洁的形象极尽铺排描绘之能事；第二部分则揭示了莲花的比喻义，分评三花，并以莲自况，抒发了作者内心深沉的慨叹。

　　作者起笔说："水陆草木之花，可爱者甚蕃。"选用"可爱"二字，包罗群芳，表明托物寄兴，并不刻意求工，极见其立言斟酌之妙。接着叙说"晋陶渊明独爱菊"。陶渊明不肯为五斗米折腰，解绶归隐后，饮酒赋诗，安享"采菊东篱下，悠然见南山"的田园逸趣。"独爱菊"，显示陶渊明雅致芬芳、傲然物外的性格，而且更加明确了题意：陶渊明可以爱菊抒怀，我为何不可独爱莲呢？继写"自李唐来，世人甚爱牡丹"，写了唐人，特别是统治阶层"甚爱牡丹"的时尚。这几句像是重复，但实为加深语意也，而且此句入文，让对比感更为强烈，为其求莲之高洁埋下了引子。大意是周敦颐本人独爱莲与晋陶渊明的爱菊避世不同，为保持一份高洁，宁愿终老南山。他要在尘世中当个出淤泥而不染的君子。这种在污世保持清白与独自避世求真的心态，与众人皆羡富贵（牡丹）的从众心态是有着思想境界上本质的区别的。这为爱莲说所要表达的"出淤泥而不染"做了最好的铺垫。然后作者撇开一笔说，让那班人爱其所爱吧。"予独爱莲之出淤泥而不染，濯清涟而不妖，中通外直，不蔓不枝，香远益清，亭亭净植，可远观而不可亵玩焉。"这一连串铺叙，对莲花挺拔秀丽的芳姿，清逸超群的令德，特别是可敬而不可侮慢的嵚崎磊落的风范，作了有力的渲染。这几句隐喻作者本身具有"出淤泥而不染，濯清涟而不妖"的高尚品格。实际上，他说的意思就是：官场黑暗，要在官场上保持自己高洁的品格，就如同莲花出淤泥而不染那么难。这也是他为官的经验总结，因为他不想同流合污。而"濯清涟而不妖"，不过是作者的一种美好愿望罢了。他为官正直，数洗冤狱，为民做主；晚年定居庐山，著书明道，洁身自爱，颐养天年，便是身体力行、淡泊明志的体现。这正是这篇小品文能给人思想情趣以深切感染的着力之处。

接下来，作者对三种花象征的不同性格进行了比较和品评："予谓菊，花之隐逸者也；牡丹，花之富贵者也；莲，花之君子者也。"本来，花是不具备人格特征的，但在作者眼里，莲花近于菊，却不像菊那样清高冷傲，似乎是逃避现实的隐者；它更不像牡丹那样艳丽妖冶，以富贵媚人。莲花出于污浊现实而不受沾染，受清水洗濯而不显妖冶，实为百花丛中的贤君子。另外，莲花又是佛教中的圣物，如来、观音均以莲花为座。唐释道世《法苑珠林·敬佛篇》云："故十方诸佛，同出于淤泥之浊；三身正觉，俱坐于莲台之上。"作者《题莲》诗也云："佛爱我亦爱，清香蝶不偷。一般清意味，不上美人头。"与这篇小品文参照，情趣相得益彰。

最后，作者评花进而对"爱"也作出评价："噫！菊之爱，陶后鲜有闻；莲之爱，同予者何人？牡丹之爱，宜乎众矣！"深深地慨叹：当今之世真隐者少，有德者寡，而趋炎附势、钻刺富贵之门的小人比比皆是；这莽莽红尘，能有几个志同道合之人，共同去根治这社会痼疾呢？这里先用花进行比喻，以花的特性喻人，虽平淡，但比喻贴切，然后借花喻人，将陶渊明的避世、世人皆追求荣华富贵的心态描写得淋漓尽致。言下虽不免流露出一种孤掌难鸣的哀怨，但意味深长，无情地鞭挞了那些寡廉鲜耻之徒。这里，周敦颐是高傲的，他那种不从众只求纯净的心态，在碌碌尘世中是难能可贵的。他感叹，是因为世风日下，大多数人皆被世事沾染。

周敦颐一生喜爱莲花，所以写下了这篇借花喻人的优美小品文。它巧妙地将莲花的生活环境、特殊性状与君子的高尚品格联系起来，表达了作者"主静、无欲"的道德观，体现了一种高洁的情操和人格美的力量。

思考寄语

莲花所体现的君子风度，至今仍有现实意义，它启示人们：做人应做像莲花那样高洁正直的君子，要讲求精神文明。新的时代要求人们有理想、有道德，我们也可以从《爱莲说》中汲取营养，结合实际，加强自身的修养。

13 记住回家的路（节选）

诵读主体

　　生活在今日的世界上，心灵的宁静不易得。这个世界既充满着机会，也充满着压力。机会诱惑人去尝试，压力逼迫人去奋斗，都使人静不下心来。我不主张年轻人拒绝任何机会，逃避一切压力，以闭关自守的姿态面对世界。年轻的心灵本不该静如止水，波澜不起。世界是属于年轻人的，趁着年轻到广阔的世界上去闯荡一番，原是人生必要的经历。所须防止的只是，把自己完全交给了机会和压力去支配，在世界上风风火火或浑浑噩噩，迷失了回家的路途。

　　每到一个陌生的城市，我的习惯是随便走走，好奇心驱使我去探寻这里的热闹的街巷和冷僻的角落。在这途中，难免暂时地迷路，但心中一定要有把握，自信能记起回住处的路线，否则便会感觉不踏实。我想，人生也是如此。你不妨在世界上闯荡，去建功创业，去探险猎奇，去觅情求爱，可是，你一定不要忘记了回家的路。这个家，就是你的自我，你自己的心灵世界。

知人论世

　　周国平，中国当代著名学者、作家、哲学研究者，是中国研究哲学家尼采的著名学者之一。

　　著有学术专著《尼采：在世纪的转折点上》《尼采与形而上学》，随感集《人与永恒》，散文集《守望的距离》《各自的朝圣路》《安静》，纪实作品《妞妞：一个父亲的札记》《南极无新闻——乔治王岛手记》等，1998年底以前作品结集为《周国平文集》（1~6卷），译有《尼采美学文选》《尼采诗集》等。

　　其散文长于用文学的形式谈哲学，诸如生命的意义、死亡、性与爱、自我、灵魂与超越等，虔诚探索现代人精神生活中的普遍困惑，重视观照心灵的历程与磨难,寓哲理于常情中,深入浅出,平易之中多见理趣。

阅读鉴赏

周国平的这篇《记住回家的路》(节选),论述的是:在当今纷扰芜杂、竞争激烈、人格容易物化扭曲的商品经济社会中,人们更应该保持健康完整的人格,追求精神的崇高纯洁及心灵的宁静。

"家",这个字,《说文解字》中用到的是两种造字法:会意字时,从"宀"从"豕",意为"家居之下摆着熟猪等祭祀";形声字时,从"宀",豭(jiā)省声,形旁"宀",意为"居住的地方"。可谓殊途同归,小家就是有烟火味儿和安全感,不管情形如何,亲情是维系和纽带,是归属,是终端,而国之大家亦是如此。而周国平在《记住回家的路》中的"家"指的是自己的心灵世界。这又对"家"的意蕴理解深入一层。他说:"一个人为了实现自我,必须先在非我的世界里漫游一番。但是,有许多人就迷失在这漫游途中了,沾沾自喜于他们在社会上的小小成功,不再想回到自我。成功使他们离他们的自我越来越远,终于成为随波逐流之辈。另有一类灵魂,时时为离家而不安,漫游越久而思家越切,唯有他们,无论成功失败,都能带着丰富的收获返回他们的自我。"这种"迷失"和"返回"的对象,指向的是"自我",其实何尝不是"家"呢?记住回家的路,因为终点处是沉稳安然、清明宁静。

记住从社会回到自我的路(或"记住从外部生活回到内心生活的路"),在社会的纷扰喧嚣中确立自己的人生坐标,获得充实的生活和宁静的心灵。

思考寄语

在生活中我们有两个家:一个是给我们遮风挡雨的房子,另一个就是我们的心灵家园。失去了房子,我们可以重建。心灵家园的丢失才是真正的灾难。我们应该不但有足够的勇气去承受外界的压力,而且有足够的清醒去面对外界形形色色的机会的诱惑。这样,必定会获得生活的充实和内心的宁静。

14 成为一个不惑、不忧、不惧的完整的人

问诸君："为什么进学校？"我想人人都会众口一辞地答道："为的是求学问。"再问："你为什么要求学问？""你想学些什么？"恐怕各人的答案就很不相同，或者竟自答不出来了。诸君啊！我替你们回答一句吧："为的是学做人。"你在学校里学的什么数学、几何、物理、化学、生理、心理、历史、地理、国文、英语，乃至什么哲学、文学、科学、政治、法律、经济、教育、农业、工业、商业等等，不过是做人所需的一种手段，不能说专靠这些便达到做人的目的。任凭你把这些件件学得精通，你能够成个人不成个人还是个问题。

人类心理，有知、情、意三部分。这三部分圆满发达的状态，我们先哲名之为三达德——智、仁、勇。为什么叫作"达德"呢？因为这三件事是人类普通道德的标准，总要三件具备才能成一个人。三件的完成状态怎么样呢？

孔子说："知者不惑，仁者不忧，勇者不惧。"所以教育应分为知育、情育、意育三方面。

怎么样才能不惑呢？最要紧的是养成我们的判断力。想要养成判断力：第一步，最少须有相当的常识；进一步，对于自己要做的事须有专门智识；再进一步，还要有遇事能断的智慧。假如一个人连常识都没有，听见打雷，说是雷公发威；看见月蚀，说是虾蟆贪嘴。那么，一定闹到什么事都没有主意，碰到一点疑难问题，就靠求神问卜看相算命去解决。真所谓"大惑不解"，成了最可怜的人了。

学校里小学中学所教，就是要人有了许多基本的常识，免得凡事都暗中摸索。但仅仅有这点常识还不够。我们做人，总要各有一件专门职业。这门职业，也并不是我一人破天荒去做，从前已经许多人做过。他们积了无数经验，发现出好些原理原则，这就是专门学识。

但专靠这种常识和学识就够吗？还不能。宇宙和人生是活的，不是呆的，我们每日所碰见的事理是复杂的变化的，不是单纯的印板的。倘若我们只是学

过这一件才懂这一件，那么，碰着一件没有学过的事来到跟前，便手忙脚乱了。所以还要养成总体的智慧才能有根本的判断力。

这种总体的智慧如何才能养成呢？第一，要把我们向来粗浮的脑筋，着实磨炼它，叫它变成细密而且踏实。那么，无论遇着如何繁难的事，我都可以彻头彻尾想清楚它的条理，自然不至于惑了。

第二，要把我们向来浑浊的脑筋，着实将养它，叫它变成清明。那么，一件事理到跟前，我才能很从容很莹澈地去判断它，自然不至于惑了。以上所说常识学识和总体的智慧，都是智育的要件，目的是教人做到"知者不惑"。

怎么样才能不忧呢？为什么仁者便会不忧呢？想明白这个道理，先要知道中国先哲的人生观是怎么样。"仁"之一字，儒家人生观的全体大用都包在里头。"仁"到底是什么？很难用言语说明。勉强下个解释，可以说是："普遍人格之实现。"孔子说："仁者人也。"意思是说人格完成就叫作"仁"。但我们要知道：人格不是单独一个人可以表见的，要从人和人的关系上看出来。所以"仁"字从"二人"，郑康成解它做"相人偶"。

然则这种仁者为什么就会不忧呢？大凡忧之所从来，不外两端，一曰忧成败，二曰忧得失。"仁者"看透这种道理，信得过只有不做事才算失败，凡做事便不会失败。所以《易经》说："君子以自强不息。"换一方面来看：他们又信得过凡事不会成功的，几万万里路挪了一两寸，算成功吗？所以《论语》说："知其不可而为之。"你想！有这种人生观的人，还有什么成败可忧呢？

第三，我们得着"仁"的人生观，便不会忧得失。为什么呢？因为认定这件东西是我的，才有得失之可言。连人格都不是单独存在，不能明确地画出这一部分是我的，那一部分是人家的，然则哪里有东西可以为我所得？既已没有东西为我所得，当然也没有东西为我所失。我只是为学问而学问，为劳动而劳动，并不是拿学问劳动等等做手段来达某种目的——可以为我们"所得"的。

怎么样才能不惧呢？有了不惑不忧功夫，惧当然会减少许多了，但这是属于意志方面的事。一个人若是意志力薄弱，便有很丰富的智识，临时也会用不着，便有很优美的情操，临时也会变了卦。然则意志怎么才会坚强呢？头一件需要心地光明。孟子说："浩然之气，至大至刚。行有不慊于心，则馁矣。"又说，"自反而不缩，虽褐宽博，吾不惴焉；自反而缩，虽千万人，吾往矣"。

俗语说得好："生平不做亏心事，夜半敲门也不惊。"一个人要保持勇气，需要从一切行为可以公开做起。这是第一件。第二件要不为劣等欲望之所牵制。《论语》记："子曰：'吾未见刚者。'或对曰：'申枨。'子曰：'枨也欲，焉得刚？'"一被物质上无聊的嗜欲东拉西扯，那么，百炼刚也会变为绕指柔了。

意志磨炼得到家，自然是看着自己应做的事，一点不迟疑，扛起来便做，"虽千万人吾往矣"。这样才算顶天立地做一世人，绝不会有藏头躲尾左支右绌的丑态。这便是意育的目的，要教人做到"勇者不惧"。

我们拿这三件事作做人的标准，请诸君想想，我自己现时做到哪一件——哪一件稍为有一点把握。倘若连一件都不能做到，连一点把握都没有，嗳哟！那可真危险了，你将来做人恐怕就做不成。

我盼望你有痛切的自觉啊！有了自觉，自然会成功。那么，学校之外，当然有许多学问，读一卷经，翻一部史，到处都可以发现诸君的良师呀！

诸君啊！醒醒罢！养足你的根本智慧，体验出你的人格人生观，保护好你的自由意志。你成人不成人，就看这几年哩！

知人论世

梁启超（1873—1929），字卓如，一字任甫，号任公，又号饮冰室主人、饮冰子、哀时客、中国之新民、自由斋主人。清朝光绪年间举人，中国近代思想家、政治家、教育家、史学家、文学家，戊戌变法（百日维新）领袖之一，中国近代维新派、新法家代表人物。

幼年时从师学习，8岁学为文，9岁能缀千言，17岁中举。后从师于康有为，成为资产阶级改良派的宣传家。戊戌变法前，与康有为一起联合各省举人发动"公车上书"运动，此后先后领导北京和上海的强学会，又与黄遵宪一起办《时务报》，任长沙时务学堂的主讲，并著《变法通议》为变法做宣传。戊戌变法失败后，与康有为一起流亡日本。他是近代文学革命运动的理论倡导者。晚年，梁启超以主要精力从事文化教育和学术研究活动。他倡导新文化运动，支持五四运动。其著作合编为《饮冰室合集》。

阅读鉴赏

这篇文章是1922年梁启超先生应苏州学界之邀作一场演讲，虽然已经过去百年，社会发生巨大变迁，但是青年们面对的问题极其相似，先生的观点也极具穿透力，非常精彩，值得细细阅读。

不惑，即培养自己的判断力，如何培养判断力？这就需要积累知识，且锻炼自己独立思考的能力。

如何才能不忧？——形成"仁"的人生观，不以物喜不以己悲，不要随便为外物的得失所牵绊。

最后是做到"不惧"，就是磨炼个人的意志。演讲者希望通过培养"智、仁、勇"三方面的品格，来让人成为一个有道德、有规则、有人格的人。这发人深省的呼喊，在当时的时代背景下，的确有着振聋发聩的效果。

思考寄语

孔子曾说过："君子道者三，我无能焉；仁者不忧，知者不惑，勇者不惧。"也就是说，一个人的内心做到了不忧、不惑、不惧的话，就能够减少对外界的抱怨和指责，也就增强了把握幸福的能力。社会在发展，我们也在进步，我们不可能让外在的世界变得更简单，但我们可以让自己的情怀变得更仁厚。

36

诵读，伴思想航船远行（第一册）

15 90岁老人梦想不息（节选）

——央视《面对面》专访袁隆平

诵读主体

谦虚：英文致辞引发网友点赞 袁老却称是"破碎英语"

2019年，在长沙举办的中非农业合作发展研讨会上，袁隆平献上了一段英文致辞。在致辞中，他表示自己正致力于研究超级杂交水稻，非常愿意帮助其他发展中国家解决粮食短缺的问题。

袁隆平：亲爱的非洲朋友们，我们热情地欢迎你们来到长沙参加中非农业合作发展研讨会。我是杂交水稻研发人袁隆平。我很荣幸能帮助其他发展中国家研究发展杂交水稻，去克服粮食短缺问题，也相信我们的共同努力可以让我们在不久的将来达成目标。

这段并不流利的英文致辞，上传到网络后迅速被广泛传播，赢得网友的纷纷点赞。不少人表示："可以看出袁老真的老了，都快90了还在忙碌，重于泰山的一生。"看到这段视频，网友都忍不住红了眼眶。

记者："您在网上用英文来致辞的那一段，很多人都竖大拇指。"

袁隆平："我的英文就是破碎的英语，英文讲的就是破碎的英语。"

记者："为什么您要用英文？其实中文也是可以的，在这样的研讨会的致辞上。"

袁隆平："如果没有外宾就用中文，有很多外国人的时候做报告用英文好一点，免得他们去翻译。"

目标：用拓荒人的精神做海水稻 在8年里推广1亿亩

从2012年开始，海水稻的研究成为袁隆平工作的重点。所谓"海水稻"，学术上称作"耐盐碱水稻"，20世纪30年代，国际上已开始研究。袁隆平希望通过耐盐碱杂交水稻的研发和推广，让盐碱地像普通耕地那样造福人类，他把海水稻技术的突破和创新称为拓荒人精神。

记者："您为什么要用拓荒人的精神来做这个海水稻？"

袁隆平："因为这是一个很了不起的工程。我们国家耕地面积少，现在的耕田只有18亿亩。但是我们国家有十几亿亩的盐碱地，其中能够种水稻的、有水淹的盐碱地将近2亿亩。如果海水稻研究成功了，给国家至少增加1亿亩耕地，按最低产量算亩产300公斤，1亿亩就是300亿公斤，相当于湖南省全年粮食总产量，多养活1亿人口。我们尽力地冲刺，我们今年有七八个点，每个点少则几亩地，多则百亩片，在做试点。去年点少一点，面积小一点。去年的面积是每个点几亩地，几亩地。"

记者："为什么要这么少？"

袁隆平："没有种子。新品种出来之后，不可能有那么多，过去老品种抗盐碱的有，产量都不高。国外都在搞海水稻，他们为什么产量那么低？都是常规稻而且品种不行，我们一上去就是杂交稻，600多公斤。"

2018年5月，袁隆平海水稻科研团队正式启动"中华拓荒计划"，在我国五大类主要类型盐碱地和延安南泥湾次生盐碱地同时进行海水稻插秧。除此之外，他们还在塔克拉玛干沙漠周边开辟了向大漠要耕地的试验田。按照袁隆平设定的目标，要在8年时间里推广1亿亩海水稻。

记者："您说8年您想推1亿亩，这个目标大不大？"

袁隆平："8年累计可以达到1亿亩，这个数字估计估高了一点，我们想在8年之内每年能够推广1000万亩，好多年之后累计面积达到1亿亩就不错了。"

心愿：对自己没有要求 就是为了两个梦想

对于时间的逝去和身体的衰老，袁隆平流露出格外的豁达，而对于杂交水稻事业，袁隆平更多的是紧迫感。《面对面》曾于2013年、2016年采访过袁隆平，在之前的两次采访中，因为听力不断下降，记者需要尽量靠近，并提高声音提问，而袁隆平则往往需要前倾身体才能听清问话。

记者："您对自己的要求是什么？"

袁隆平："对自己没有要求，就是这个要求：一个是'禾下乘凉梦'，一个是'覆盖全球梦'，杂交稻，就这个要求，两个梦想。"

知人论世

袁隆平（1930—2021），男，汉族，江西省九江市德安县人。1930年9月7日生于北京，中国杂交水稻育种专家，中国研究与发展杂交水稻的开创者，被誉为"世界杂交水稻之父"。国家杂交水稻工程技术研究中心、湖南杂交水稻研究中心原主任，湖南省政协原副主席，中国工程院院士，美国国家科学院外籍院士，中国发明协会会士，湖南农业大学名誉校长，第六至十二届全国政协常委。

袁隆平致力于杂交水稻研究，发明"三系法"籼型杂交水稻，成功研究出"二系法"杂交水稻，创建了超级杂交稻技术体系，使中国杂交水稻研究始终居世界领先水平。截至2017年，杂交水稻在中国已累计推广超90亿亩，共增产稻谷6000多亿公斤。袁隆平多次赴印度、越南等国，传授杂交水稻技术以帮助解决粮食短缺和饥饿问题，为中国粮食安全、农业科学发展和世界粮食供给作出杰出贡献。

阅读鉴赏

袁隆平院士是中国杂交水稻事业的开创者，是"当代神农"。50多年来，始终在农业科研第一线辛勤耕耘、不懈探索，为人类运用科技手段战胜饥饿带来绿色的希望和金色的收获。不仅为解决中国人民的温饱和保障国家粮食安全作出了贡献，更为世界和平和社会进步树立了丰碑。

俗话说："民以食为天。""让人民吃饱饭，让人类摆脱饥荒"是袁隆平的心愿，在这个领域，他确实作出了巨大的贡献。

袁隆平将自己的一生奉献给了祖国的杂交水稻事业，并把这个事业作为无私奉献的平台，以拓荒人的精神在前进的道路上不断寻求新的起点。他和他的团队研究出的杂交水稻，在很大程度上解决了中国的粮食问题，不仅如此，杂交水稻还出口国外，为全世界带来福音。

世界著名科学家、美国科学院院长西瑟罗纳（Ralph Cicerone）先生在新当选院士就职典礼上介绍袁隆平院士的当选理由时说："袁隆平先生发明的杂交水稻技术，为世界粮食安全作出了杰出贡献，增产的粮食每年为世界解决了3500万人的吃饭问题。"

令人敬佩的不只是袁隆平的伟大贡献，更是他质朴的人性美和无与伦比的人格魅力。

在成就面前，这位耄耋老人没有半点自满，当他用并不标准的英语表示自己正致力于研究超级杂交水稻，并且非常愿意帮助其他发展中国家解决粮食短缺的问题时，他真诚谦逊的态度和博大宽广的胸襟令人肃然起敬。在谈到对自己的要求时，老人只说了"禾下乘凉梦"和"覆盖全球梦"，这是他的梦想，也是对自己的要求。袁隆平院士作为科学家，不仅贡献巨大，更是一个精神可贵、品德高尚的人。他杰出的科技才能与正确的世界观、人生观、价值观达到了完美结合和高度统一，赢得了社会的普遍尊重。他的人品、精神和作风，为我们树立了学习的典范。

大道至简 德行天下

思考寄语

袁隆平的精神是值得我们学习和效仿的，在日常的学习生活中，我们也要有这种态度。无论做什么事情，只要认定要做了，就要奔着目标前进，永不后退。而且我们也要有袁隆平先生报效祖国的精神，现在要好好学习，立志今后成为国家的栋梁。

16 张桂梅：用生命托起大山的希望（节选）

在云南省华坪县，张桂梅的故事已经家喻户晓。她是全国第一所全免费女子高中——华坪女子高中的校长。她常说："女孩子受教育，可以改变三代人。"她教会了大山里的女孩用知识改变命运，她用教育扶贫阻断了贫困的代际传递。

"用知识改变贫困山区女孩的命运"

张桂梅年轻时也是个爱美的姑娘，她与丈夫在大理的一所中学幸福地工作、生活。还未等到张桂梅怀孕生子，她的丈夫便因癌症去世。为逃离伤心地，她申请调到了边远的丽江市华坪县民族中学。然而就在第二年，张桂梅被查出患有子宫肌瘤，需要立即住院治疗。为了给丈夫治病，张桂梅的全部积蓄已经花完，根本没有钱为自己治病。当时的她想要放弃治疗，听天由命。但是学校的教职工和华坪的乡亲们不同意，他们得知消息后纷纷给张桂梅捐款。看着大家5元、10元地给自己凑钱，张桂梅眼泪抑制不住地往下流，因为她知道很多家长给孩子缴学费的钱都是钢镚儿和角票。无数人的关心和温暖点燃了张桂梅的斗志和热情："这片土地上的父老乡亲救了我，给了我第二次生命，我要用自己的生命来报答这片热土，报答父老乡亲们！"

病好后，张桂梅把全部精力都放在教学工作上，对每一个学生都十分关心。渐渐地，她发现学校里几乎每个班都是男生多女生少，"一些女生读着读着就不见了"。"家访中我了解到，这些女孩子其实是非常想读书的，但是她们贫困的家庭和父母落后的思想却不给她们读书的机会。"张桂梅说，"如果她们有一个有文化、有责任感的母亲，她们就不会辍学，如果这些女孩子辍学了，很可能将来她们的孩子还会重复她们的命运。当时我就想办一所免费的女子高中，我想让这些贫困家庭的女孩子通过知识改变命运，彻底阻断贫困在低素质母亲与低素质孩子间的恶性循环。"

2008年9月，在各级党委、政府和各界爱心人士的鼎力支持下，华坪女子高级中学终于建成，张桂梅被任命为该校党支部书记、校长。

长年累月的工作，使张桂梅身体每况愈下，每天都要吃大量的药。病痛已经让她无法继续站在讲台上授课，但她仍然每天早晨5点准时起床，挨个摁亮楼道里的灯，提着喇叭喊学生们晨读，晚上12点检查完所有的教室后她才休息。

"为多救助一个不幸的孩子，我怎么做都值"

从2001年3月起，张桂梅一边当教师，一边义务当上了华坪县儿童之家的院长，成了众多孤儿的"妈妈"。这些孤儿年龄从2岁到12岁不等。

后来，儿童之家的经费越来越短缺。为了贴补经费，张桂梅带着孩子们帮附近的店铺卖过鞋，也卖过花，还把慈善机构捐给孩子们的玩具变卖成了钱用来缴学费。2003年至2007年的寒暑假，张桂梅到昆明走街串巷地搞募捐，见人就发资料。她被人吐过口水，被人辱骂过，募捐到的钱却屈指可数。对此，她毫不在意："能多救助一个就多救助一个，为了能多救助一个不幸的孩子，我怎么做都值！"

张桂梅吃穿用度都很简朴，多年以来，她把节省下来的工资、奖金共计100多万元，都用来捐助教育和儿童福利事业。

2007年，张桂梅要到北京参加党的十七大，华坪县委、县政府的领导看到张桂梅衣着朴素，特意拨了几千元钱给张桂梅，让她去购置一套正装用于参会，并叮嘱她把剩下的钱带在身上，路上也方便些。看着儿童之家简陋的办公环境，她想都没想，就把这笔钱"挪用"给儿童之家买了一台电脑。

细心的人会注意到，在全国脱贫攻坚总结表彰大会上，张桂梅坐着轮椅接受表彰时所穿的外套和几天前在感动中国2020年度人物颁奖盛典上穿的是同一件。一件外套参加几场盛典，没有人觉得她很穷，反而觉得她是那么富有。

知人论世

张桂梅，女，满族，中共党员，1957年6月生于黑龙江省牡丹江市，原籍辽宁省岫岩满族自治县，1975年12月参加工作，1998年4月加入中国共产党，丽江华坪女子高级中学书记、校长，华坪县儿童福利院院长（义务兼任），丽江华坪桂梅助学会会长。

她先后荣获"全国先进工作者""全国十佳师德标兵""中国十大女杰""全

国精神文明十佳人物""全国五一劳动奖章""全国十佳知识女性""中国十大教育年度人物""全国百名优秀母亲""全国最美乡村教师""全国优秀教师""全国三八红旗手""全国教书育人楷模"等称号，系党的十七大代表。2020年6月29日，云南省委宣传部授予张桂梅"云岭楷模"称号。12月3日，中共中央授予张桂梅"全国优秀共产党员"称号。12月10日，中宣部授予张桂梅"时代楷模"称号。

2021年2月17日，张桂梅被评为"感动中国2020年度人物"。2021年2月25日，荣获"全国脱贫攻坚楷模"荣誉称号。

阅读鉴赏

她就像崖畔的桂，雪中的梅，自然击她以风雪，她却报之以歌唱；命运置她于危崖，她却馈人间以芬芳。不惧碾作尘，无意苦争春，以怒放的生命，向世界表达倔强。一腔热血，一生清贫，一份坚守，这是张桂梅的伟大写照，她坚守在教育扶贫阵地第一线几十年，用实际行动诠释"春蚕到死丝方尽，蜡炬成灰泪始干"的伟大奉献！

思考寄语

张桂梅作为一名山区的人民教师，用自己的心血和汗水托起了贫困山区女孩子们的希望，她用自己的言行告诉人们，每个人都可以是伟大的！当你为这个世界上最需要帮助的人们付出你全部的爱，你就是一个最值得尊敬的人！她是时代当之无愧的楷模！她身上所体现出的行善助学、勇挑重担、傲笑病魔、敬业风范，已然成为莘莘学子学习的楷模、成长的榜样和强劲的动力。作为一名职校生应自觉服务祖国，苦练技能，艰苦奋斗，不懈进取，创造出无悔的青春！致敬张桂梅！

17 致敬"逆行者"（节选）

诵读主体

庚子年春，风雪迎春时、万家团圆际，新冠肺炎疫情却如梦魇肆虐。大"疫"当前，大"义"在肩。来不及用心思考，万千勇士毅然奔赴一线；等不得与家人商量，无数英雄决然扶危救困，护山河无恙，保家国安康。他们有一个亲切而又神圣的名字——"逆行者"。

致敬逆行者，你们的行动是"一堂课"。这堂课，既是学生们的"品德课"，也是大人们的"思政课"，更是每一名中华儿女爱国、仁孝、忠诚、担当、奉献的"家国情怀课"。经济飞速发展的时代，我们淡化了什么？忽视了什么？缺失了什么？我们要"学什么""尚什么""干什么""怎么干"？这是我们每一个人都要学习的基本课题和终身课题，在春风化雨间、点滴浸润中，不断培塑团结奋斗、担责奋进的情怀与担当。

致敬逆行者，你们的形象是"一面旗"。这面旗帜，是生动的教材，是新时代社会主义核心价值观的最好教育、最强宣示和最美感召。人民危难至上，国家利益至重，忠诚奉献至要，把信仰、信念和追求植于心、化于行、践于责，"让党旗在疫情防控第一线高高飘扬"。党旗军旗交相辉映，团结和引领着"战斗队""志愿队""服务队"的队旗，汇成心中一往无前、战"疫"制胜的大旗。旗之所至，力之所向、智之所聚。

致敬逆行者，你们的精神是"一盏灯"。这盏明灯，是"茫茫九派"中的巍然塔台，给人以方向；是"沉沉一线"上的动力车头，给人以力量；是"烟雨莽苍"下的一抹亮绿，给人以内心的坚强、生命的希望。面对阴霾、寒冷、病痛和惊慌，这盏灯温暖了你我，点化了他人，照亮了路人。一人拾柴止于炊，星火汇聚可燎原。所有这些，彰显的是什么？是中国声音，是中国力量，是中国精神！

致敬逆行者，你们的事迹是"一把尺"。这把尺，量出了新时代的精神标高。抗"疫"之战，没有硝烟炮火、刀光剑影，有的却是比有形的敌人更狡猾隐蔽的病毒。这把尺，量出了人世间的美丑善恶，激励我们负重迎难而上，舍我其谁敢打必胜。这把尺，"度"出了觉人觉己的新境界。对于孩子，要引导他们"从小学先锋，长大当先锋"；对于自己，要"见贤思齐焉，见不贤而内自省也"；对于老人，要保持"谁道人生无再少，门前流水尚能西"的激情。

知人论世

逆行者，指在困难面前逆向而行的人。

2020年11月8日，逆行者被《青年文摘》评选为"2020十大网络热词"。同年12月4日，"逆行者"入选《咬文嚼字》2020年度十大流行语。逆行者，不只是抗疫的医护人员，也是救火的消防员、抗洪的战士、抗震的志愿者……是英雄们的总称。

阅读鉴赏

这是一篇时事评论。

2020年，当别人在设法逃离疫区的时候，他们逆向而行：不问归期，不惧凶险，不计报酬，无论生死！他们冒着生命危险从死神手里抢人，是这个时代当之无愧的"侠之大者"。

时事评论就是对当前发生的新闻及新闻中的事实或者新闻中表现出的乃至隐藏的问题，发表作者自己的见解，或者归纳、整理出新的结论或者观点。时事评论具有因时而评，新闻性强；缘事而发，寓理于事；内容贴近，体裁广泛；大众视角，公民写作的特点。

时事评论具有时效性、针对性、说理性、准确性和思想性。这篇时评，向新冠肺炎疫情发生时坚守在一线的广大"逆行者"致敬！疫情来袭，悄无声息。离汉通道骤然关闭，却有万千身影逆行江城。白衣执甲、战歌嘹亮，医务人员是最美的"逆行"英雄，是拯救生命的天使，勇敢地冲锋在第一线，用坚毅与专业筑起"抗疫"长城。机械轰鸣、火花飞溅，"神山"工地，数万工人夜以继日，跑出"中国速度"，创造工程奇迹。街头巷尾，基层干部、普通市民组成志愿大军，齐心助力城市的基本运转。这是中国的奇迹，也是每个人的奇迹。

抗疫逆行者给我们上了一堂爱国、忠诚、仁爱、担当、奉献、拼搏的"家国情怀课"，凝聚起了众志成城的强大正能量。

时势造英雄，他们逆行，走向疫情风暴中心。他们，就是这个时代的英雄。在中华民族伟大复兴的路上，这种"逆行"精神将被永远传递。

思考寄语

　　他们用"逆行"的形式回答了灾难给他们的生与死的终极考验。他们"逆行"的身影是世界上最应该被记住的身影,因为每一次逆行,他们都没有想过转回头的那一天,这份牺牲和坚守,值得被祖国铭记,被人民传颂,被历史传承。身在和平年代的我们,并不是每天都要去面对生死挑战成为一位"逆行者"。但是,至少在面对自己平凡岗位的时候,可以做到像"逆行者"们一样义无反顾,踏踏实实、一步一个脚印地背负起理想、信仰,稳步向前!

18 富贵不能淫

诵读主体

　　景春曰:"公孙衍、张仪岂不诚大丈夫哉?一怒而诸侯惧,安居而天下熄。"
　　孟子曰:"是焉得为大丈夫乎?子未学礼乎?丈夫之冠也,父命之;女子之嫁也,母命之,往送之门,戒之曰:'往之女家,必敬必戒,无违夫子!'以顺为正者,妾妇之道也。居天下之广居,立天下之正位,行天下之大道;得志,与民由之;不得志,独行其道。富贵不能淫,贫贱不能移,威武不能屈,此之谓大丈夫。"

知人论世

　　孟子(约前372—前289),名轲,字子舆,邹国(今山东邹城东南)人。战国时期哲学家、思想家、政治家、教育家，是孔子之后、荀子之前的儒家学派的代表人物，与孔子并称"孔孟"。

孟子宣扬"仁政"，最早提出"民贵君轻"思想，被韩愈列为先秦儒家继承孔子"道统"的人物，元朝追封其为"亚圣"。

孟子的言论著作收录于《孟子》一书。其中《鱼我所欲也》《得道多助，失道寡助》《寡人之于国也》《生于忧患，死于安乐》和《富贵不能淫》等多篇文章广为流传。

阅读鉴赏

景春说："公孙衍、张仪难道不是真正的大丈夫吗？他们一发怒，诸侯都害怕；他们安定了，天下便没有战火。"

孟子说："这哪能算是大丈夫呢？你没有学过礼吗？男子行加冠礼时，父亲训导他；女子出嫁时，母亲训导她，送她到门口，告诫她：'到了夫家，一定要恭敬，一定要谨慎，不要违背丈夫！'把顺从当作正确，是妇人家遵循的道理。（公孙衍、张仪在诸侯面前竟也像妇人一样！）（大丈夫应当）居住在天下最广大的住宅'仁'里，站立在天下最正确的位置'礼'上，行走在天下最宽广的道路'义'上；能实现理想时就与人民一起走这条正道；不能实现理想就独自行走在这条正道上。富贵不能迷乱他的思想，贫贱不能改变他的操守，强权不能屈服他的意志，这才叫作大丈夫。"

孟子在与纵横家的信徒景春谈论"何为大丈夫"的问题中，提到了"富贵不能淫，贫贱不能移，威武不能屈"这著名的观点。在孟子看来，真正的"大丈夫"不应以权势论高低，而是能在内心稳住"道义之锚"，面对富贵、贫贱、威武等不同人生境遇时，都能坚持"仁、义、礼"的原则，以道进退。

思考寄语

"富贵不能淫，贫贱不能移，威武不能屈。"这不仅是一句高洁的话语，更是中华民族几千年来的传统美德，应当落实到我们每个人的心中。仁、义、礼、忠的精神需要我们去传承和发扬。我们只有秉持这些精神，才能走上一条"人生正道"，成为自己心目中的一位"大丈夫"！

19 秋登越王台

秋风立马越王台，混混蛇龙最可哀。
十七史从何说起，三千劫几历轮回。
腐儒心事呼天问，大地山河跨海来。
临眺飞云横八表，岂无倚剑叹雄才。

知人论世

　　康有为（1858—1927），字广夏，号长素，广东南海县（今佛山市南海区）人，人称康南海，清末重要的政治家、思想家、教育家，资产阶级改良主义的代表人物。康有为出身于封建官僚家庭，青年时代开始向西方寻求真理，不断讲学、著书，培养维新人才。1895年，在京会试期间，康有为、梁启超二人联合十八省的1200多名举人联名上书，抗议清政府与日本签订《马关条约》，这就是有名的"公车上书"。后又组建强学会，促进了维新思潮的发展传播，对社会的影响和震动很大，康有为从此取得了维新运动的领袖地位。1898年，在光绪皇帝的支持下，以康有为、梁启超为代表的维新派开始了轰轰烈烈的戊戌变法，这是一次具有爱国救亡意义的维新变法运动，遭到了保守派的严酷镇压。变法失败后，康有为流亡海外，进行保皇活动。主要著作有《新学伪经考》《大同书》《欧洲十一国游记》《南海先生诗集》等。

阅读鉴赏

　　这首诗写于清光绪五年（1879），两次鸦片战争失败，国家陷于风雨飘摇之中。这一年，康有为22岁，他登上广州市北越秀山上的越王台，面对国家危亡的命运，渴望一展雄才，挽救国家于危难之中。

诗的首联凸显了一个忧时伤世的青年志士的形象，秋风猎猎，站立高冈，目接八方，心潮澎湃，慨叹世道混浊、龙蛇混杂，抒发了作者对社会时局和政治现状的不满。颔联借历史典故和佛家用语来针砭现实："十七史"（中国史学发展到宋朝一共编著了正史17部）一句借用了文天祥的典故，通过对中国历史朝代兴亡更替的感慨来表达对当时国家危难的忧虑；"三千劫"一句则借用佛教"劫"和"轮回"等用语，通过对民族历史中无数次兴亡浩劫的慨叹，来表达作者对当时中国不断蒙受屈辱和苦难的痛心。颈联进一步反映了作者对时局的忧愤之意和自身的远大抱负：句中所谓"呼天问"借用了屈原《楚辞·天问》的典故，有忧愤至极、呼天号地的意味，表达了作者对社会现实困境的不满；而"大地山河跨海来"一句，则形象地借助在越秀山上远眺珠江口岸，仿佛远处山川江河将要跨越南海奔腾而至的独特景象，隐喻了诗人重塑河山的雄心壮志。全诗最后两句更是情感激荡，诗人远眺着飞云横亘的八方，气贯长虹，慨然而立，情怀喷涌而出：难道我堂堂中华就没有力挽狂澜的雄才吗？读者能强烈感受到22岁的康有为救亡图存的使命感。

梁启超曾经评价康有为"元气淋漓，卓然称大家"。康有为的诗大多反映重大的政治事件和世界上的新事物，艺术上不受传统约束，想象奇特，语言瑰丽，形成了自己的风格。这首诗描写登临越王台所见风云变幻，并由此联想到历经浩劫的国运时局，呼唤当今之世也能出现雄才大略的英雄人物，手握长剑，力挽狂澜。诗作气势磅礴、风格雄健，体现了康有为独特的艺术个性。

思考寄语

每一个青年人，都应该涵养这样的情怀——用开阔的视野，去瞭望前进的方向；用创造的双手，去书写国家的未来；用挺拔的脊梁，去撑起民族的希望；用最炽热的情感，去热爱这片土地。作为新时代的中国青年，我们要学好知识和技能，肩负起社会责任，勇于开拓进取，勇做时代的弄潮儿，在实现中国梦的生动实践中放飞青春梦想，在为人民利益的不懈奋斗中书写人生华章。

20 蜀 相

诵读主体

丞相祠堂何处寻？锦官城外柏森森。
映阶碧草自春色，隔叶黄鹂空好音。
三顾频烦天下计，两朝开济老臣心。
出师未捷身先死，长使英雄泪满襟。

知人论世

　　《蜀相》一诗，大约为唐肃宗上元元年（760）春天，杜甫初至成都时作。唐肃宗乾元二年（759）十二月，杜甫结束了为期四年的寓居秦州、同谷（今甘肃省成县）的颠沛流离的生活，到了成都，在朋友的资助下，定居在浣花溪畔。成都是当年蜀汉建都的地方，城西北有诸葛亮庙，称武侯祠。唐肃宗上元元年春天，他探访了诸葛武侯祠，写下了这首感人肺腑的千古绝唱。

阅读鉴赏

　　诸葛丞相的祠堂去哪里寻找？锦官城外翠柏长得郁郁苍苍。碧草映照石阶自有一片春色，黄鹂在密叶间空有美妙歌声。当年先主屡次向您求教大计，辅佐先主开国，扶助后主继业。可惜您出师征战却病死军中，使古今英雄感慨泪湿衣襟。

　　这首七律《蜀相》，抒发了诗人对诸葛亮才智品德的崇敬和功业未遂的感慨。全诗融情、景、议于一体，既有对历史的评说，又有现实的寓托，在历代咏赞诸葛亮的诗篇中，堪称绝唱。

首联两句，前一句"丞相祠堂何处寻"是自问。这里不称"蜀相"，而用"丞相"二字，使人感到非常亲切。特别是其中的"寻"字，表明此行是有目的地专程来访，而不是漫不经心地信步由之；又因杜甫初到成都，地理不熟，环境生疏，所以才写下了这样一个"寻"字。它有力地表现出杜甫对诸葛亮的强烈景仰和缅怀之情，并因人而及物，丞相祠堂是诗人渴望已久、很想瞻仰的地方。后一句"锦官城外柏森森"自答。这是诗人望中所得的景象，写的是丞相祠堂的外景，点明祠堂的所在地，用来呼应前一句。"柏森森"三个字还渲染了一种安谧、肃穆的气氛。这两句直承《蜀相》的诗题，起得很得势，用的是记叙兼描述的笔墨。

颔联"映阶碧草自春色，隔叶黄鹂空好音"所描绘的这些景物，色彩鲜明，音韵明朗，静动相衬，恬淡自然，无限美妙地表现出武侯祠内那春意盎然的景象。诗人将自己的主观情意渗进了客观景物之中，使景中生意，把自己内心的忧伤从景物描写中传达出来，反映出诗人忧国忧民的爱国精神。透过这种爱国思想的折射，诗人眼中的诸葛亮形象就更加光彩照人。

颈联两句写得格外厚重，含义十分丰富，既生动地表达出诸葛武侯的雄才大略、报国苦衷和生平业绩，也生动地表现出他忠贞不渝、坚韧不拔的精神品格，还郑重地道出诗人之所以景仰诸葛武侯的缘由。这一联同时还是杜甫以议论入诗的范例。本来，以抒情为主是诗歌的显著特征，一般不夹有议论。但是杜甫在这方面却打破了常规，而常以议论入诗，这不仅使他的诗歌内容有了特色，还体现了杜诗的一种技巧。

"出师未捷身先死，长使英雄泪满襟"，"出师"句指的是诸葛亮为了伐魏，曾经六出祁山的事。蜀汉后主建兴十二年（234），他统率大军，后出斜谷，占据了五丈原，与司马懿隔着渭水相持了一百多天；八月，病死在军中。"英雄"，这里泛指，包括诗人自己在内的追怀诸葛亮的有志之士。尾联两句承接着五、六句，表现出诗人对诸葛亮献身精神的崇高景仰和对他事业未竟的痛惜心情。

这首诗分两部分：前四句凭吊丞相祠堂，从景物描写中感怀现实，透露出诗人忧国忧民之心；后四句咏叹丞相才德，从历史追忆中缅怀先贤，又蕴含着诗人对祖国命运的许多期盼与憧憬。全诗蕴藉深厚，寄托遥深，意境深沉悲凉。

　　诸葛亮是经过历史波涛的淘洗后，留下来的千古英雄人物，他以"鞠躬尽瘁，死而后已"的精神成为后世的楷模。任何一个时代都需要英雄，都需要英雄身上所散发出来的胸怀祖国、冲锋在前、不畏艰险、不计得失的品质。

21 短歌行

诵读主体

对酒当歌，人生几何！
譬如朝露，去日苦多。
慨当以慷，忧思难忘。
何以解忧？唯有杜康。
青青子衿，悠悠我心。
但为君故，沉吟至今。
呦呦鹿鸣，食野之苹。
我有嘉宾，鼓瑟吹笙。
明明如月，何时可掇？
忧从中来，不可断绝。
越陌度阡，枉用相存。
契阔谈䜩，心念旧恩。
月明星稀，乌鹊南飞。

51

大道至简　德行天下

绕树三匝，何枝可依？
山不厌高，海不厌深。
周公吐哺，天下归心。

知人论世

曹操（155—220），字孟德，小字阿瞒，沛国谯县（今安徽省亳州市）人。东汉末年杰出的政治家、军事家、文学家，三国中曹魏政权的奠基人。

东汉末年，天下大乱，曹操以汉天子的名义征讨四方，对内消灭二袁、吕布、刘表、韩遂等割据势力，对外降服南匈奴、乌桓、鲜卑等，统一了中国北方，并实行一系列政策恢复经济生产和社会秩序。曹操在世时，担任东汉丞相，后为魏王，其子曹丕称帝后，曹操被追尊为武皇帝，庙号太祖。

曹操精兵法，善诗歌。诗歌多抒发自己的政治抱负，并反映汉末人民的苦难生活，气魄雄伟，慷慨悲凉。散文清峻整洁，开启并繁荣了建安文学，给后人留下了宝贵的精神财富，史称"建安风骨"，鲁迅评价其为"改造文章的祖师"。

关于本诗的创作时间，有人认为作于汉建安元年（196），曹操迁汉献帝于许都之际，是曹操与手下心腹如荀彧等人的唱和之作。

阅读鉴赏

这首《短歌行》的主题非常明确，就是曹操求贤若渴，希望人才都来投靠自己。曹操在其政治活动中，为了巩固他在庶族地主中的统治基础，打击反动的世袭豪强势力，曾大力强调"唯才是举"，为此先后发布了《求贤令》《举士令》《求逸才令》等；而《短歌行》实际上就是一曲"求贤歌"，又正因为运用了诗歌的形式，含有丰富的抒情成分，所以能起到独特的感染作用，有力地宣传了他所坚持的主张，配合了他所颁发的政令。

全诗分为四节。第一节主要抒写了诗人对人生苦短的忧叹。酒在魏晋时期，多受到诗人的喜爱，无论是心情愉悦，抑或是悲伤、感慨时都不难找到酒的影子。本节中，第一句话就用"酒"来引出诗人对人生苦短的忧叹。最后一句"何以解忧？唯有杜康"中的"杜康"，相传是发明酿酒的人，这里用来指代酒。我们如何理解诗人这种人生苦短的忧叹呢？诗人生逢乱世，目睹百姓颠沛流离，肝肠寸断，渴望建功立业而不得，因而发出人生苦短的忧叹。

第二节情味更加缠绵深长了。"青青"二句原来是《诗经·郑风·子衿》中的话，曹操在这里加以引用，而且还说自己一直低低地吟诵它，实在是巧妙至极。他说"青青子衿，悠悠我心"，固然是直接比喻了对"贤才"的思念，但更重要的是他所省掉的后两句："纵我不往，子宁不嗣音？"由于事实上不可能一个一个地去找那些"贤才"，所以曹操便用这种含蓄的方法来提醒他们：就算"我"没有去找你们，你们为什么不主动来投奔"我"呢？由这一层含而不露的意思可以看出，他那"求才"的用心实在是太周到了，的确具有感人的力量。而这感人力量正体现了文艺创作的政治性与艺术性的结合。紧接着他又引用《诗经·小雅·鹿鸣》中的四句，描写宾主欢宴的情景，意思是说：只要你们到"我"这里来，"我"是一定会待以"嘉宾"之礼的，"我"们是能够欢快融洽地相处并合作的。这八句仍然没有明确地说出"求才"二字，因为曹操所写的是诗，所以用了典故来作比喻，这就是"婉而多讽"的表现方法。同时，"但为君故"这个"君"字，在曹操的诗中也具有典型意义。正因为这样，此诗流传开去，才会起到巨大的社会作用。

第三节是对以上十六句的强调和照应。以上十六句主要讲了两个意思，即为求贤而愁，又表示要待贤以礼。倘若借用音乐来作比较，这可以说是全诗中的两个"主题旋律"，而"明明如月"八句就是这两个"主题旋律"的复现和变奏。前四句又在讲忧愁，是照应第一个八句；后四句讲"贤才"到来，是照应第二个八句。表面看来，意思上是与前十六句重复的，但实际上由于"主题旋律"的复现和变奏，因此使全诗更有抑扬低昂、反复咏叹的情致，加强了抒情浓度。再从表达诗的文学主题来看，这八句也不是简单重复，而是含有深意的。"贤才"已经来了不少，"我"们也合作得很融洽；然而"我"并不满足，"我"仍在为求贤而发愁，希望有更多的"贤才"到来。天上的明月常在运行，不会停止；同样，"我"的求贤之思也是不会断绝的。说这种话又是用心周到的表现，因为曹操不断在延揽人才，那么后来者会不会顾虑"人满为患"呢？所以曹操在这里进一步表示，他的求贤之心就像明月常行那样不会终止，人们也就不必要有什么顾虑，早来晚来都一样会受到优待。关于这一点曹操在下文还要有更加明确的表示，这里不过是承上启下，起到过渡与衬垫的作用。

第四节求贤若渴的思想感情进一步加深。"月明"四句既是准确而形象的写景笔墨，也有比喻的深意。清人沈德潜《古诗源》中说："月明星稀四句，喻客子无所依托。"实际上是说那些犹豫不决的人才，在三国鼎立的局面下一时无所适从。诗人以乌鸦绕树、"何枝可依"的情景来启发他们：不要三心二意，要善于择枝而栖，赶紧到"我"这边来。最后四句画龙点睛，明明白白披肝沥胆，希望人才都来归顺于"我"，点明了全诗的主旨。关于"周公吐哺"的典故，据说周公自言："吾文王之子，武王之弟，成王之叔父也；又相天下，吾于天下亦不轻矣。然一沐三握发，一饭三吐哺，犹恐失天下之士。"这话似也表达诗人的心情。

《短歌行》是政治性很强的诗作，主要是为曹操当时所实行的政治路线和政治策略服务的，但是曹操将政治内容和意义完全熔铸在浓郁的抒情意境之中，全诗充分发挥了诗歌创作的特长，准确而巧妙地运用了比兴手法，寓理于情，以情感人。诗歌无论是在思想内容还是在艺术手法上都取得了极高的成就，语言质朴，立意深远，气势充沛。

思考寄语

站在历史的角度看曹操，发现他不仅是一位意气风发、凌云壮志的诗人，还是一位成就霸业的政治家。这首激荡着慷慨之气的诗作，抒发了曹操为重建大汉王业而求贤若渴的情怀。今天，平凡的我们纵然无法拥有曹操那样的气魄和胸襟，也永远无法跟更多历史上的名人相比，但我们至少可以从这首诗的直击心灵的旋律、求贤若渴的济世之心中受到鼓舞和激励，进而奋勇向前。

方圆相宜
行稳致远

1 击壤歌

日出而作，日入而息。
凿井而饮，耕田而食。
帝力于我何有哉！

知人论世

这首歌谣流传于距今4000多年前的原始社会时期。传说在尧帝的时代，"天下太和，百姓无事"，老百姓过着安定舒适的日子。一位八九十岁的老人，一边悠闲地做着"击壤"的游戏，一边唱出了这首歌。

阅读鉴赏

这首歌谣的前四句概括描述了当时农村最原始的生产方式和生活方式。前两句"日出而作，日入而息"，作者用极其简朴的语言描述了远古农民的生存状况——劳动生活。每天看着太阳作息，或劳作或休息。生活简单，无忧无虑。后两句"凿井而饮，耕田而食"，描述的是远古农民生存状况的另一方面——吃和喝。自己凿井，自己种地，生活虽然劳累辛苦，但自由自在，不受拘束。在前面叙事的基础上，最后一句"帝力于我何有哉！"抒发情感：这样安闲自乐，谁还去向往那帝王的权力？帝王的权力对"我"有什么用呢？这句诗反映了远古农民旷达的处世态度，反映了当时人们对自然古朴的生产生活方式的自豪和满足，反映了农民对自我力量的充分肯定，也反映了对帝王力量的大胆蔑视。

这首歌谣描述了远古时代人们的生存状况，表现了原始社会中人们朴素唯物主义的思想感情。从中可以看到老子"小国寡民……甘其食，美其服，安其居，乐其俗。邻国相望，鸡犬之声相闻，民至老死，不相往来"的影子。语言简朴，叙事简练并结合抒情议论，开头四句连续使用排比句式，语势充沛。整首歌谣风格极为质朴，没有任何渲染和雕饰，艺术形象鲜明生动。歌者无忧无虑的生活状态、怡然自得的神情，都表现得十分自然真切。

思考寄语

　　《击壤歌》是一首远古先民咏赞美好生活的歌谣。这首歌谣用极口语化的表述方式，吟唱出了生动的田园风景诗。太阳出来起来劳动，太阳下山休息养生，打一口井用以饮水，整理田地种出五谷丰登。歌谣般的风貌，仿佛听到了一个苍老而健硕的农人，在田地中对着无垠田畴悠扬地咏颂。这是他们怡然于俭朴生活的自足的歌声，展现出了农耕时代上古先民的幸福生活场景，诠释出原始的自由安闲和自给自足的简单快乐。自然中见淳美，朴拙中见太平。全歌用语纯净，不染尘灰，意境高古，文字流畅。四言的写作形式，为诗歌增添了一种长短抑扬的韵致。最后一句点明题旨，这自然顺生的生存方式和其乐自得的生活，又何须外力的干涉和帝王的管理指导。

方圆相宜　行稳致远

② 齐人有一妻一妾

诵读主体

　　齐人有一妻一妾而处室者，其良人出，则必餍酒肉而后反。其妻问所与饮食者，则尽富贵也。其妻告其妾曰："良人出，则必餍酒肉而后反；问其与饮食者，尽富贵也，而未尝有显者来，吾将瞯良人之所之也。"

蚤起，施从良人之所之，遍国中无与立谈者。卒之东郭墦间，之祭者，乞其余；不足，又顾而之他。此其为餍足之道也。

其妻归，告其妾，曰："良人者，所仰望而终身也，今若此。"与其妾讪其良人，而相泣于中庭，而良人未之知也，施施从外来，骄其妻妾。

由君子观之，则人之所以求富贵利达者，其妻妾不羞也，而不相泣者，几希矣。

知人论世

孟子（约前372—前289），名轲，字子舆（待考，一说字子车或子居）。战国时期邹国人，鲁国庆父后裔。中国古代著名思想家、教育家，战国时期儒家代表人物。著有《孟子》一书。孟子继承并发扬了孔子的思想，成为仅次于孔子的一代儒家宗师，有"亚圣"之称，与孔子合称为"孔孟"。孟子本为"鲁国三桓"之后，父名激，母仇氏。孟子远祖是鲁国贵族孟孙氏，后家道衰微，从鲁国迁居邹国。孟子三岁丧父，孟母艰辛地将他抚养成人，孟母管束甚严，其"孟母三迁""孟母断织"等故事，成为千古美谈，是后世母教之典范。《史记·孟子荀卿列传》说他"受业子思之门人"。

阅读鉴赏

这是一篇精彩的讽刺小品。孟子勾画的是一个内心极其卑劣下贱，外表却趾高气扬、不可一世的形象。他为了在妻妾面前摆阔气，抖威风，自吹每天都有达官贵人请他吃喝，实际上却每天都在坟地里乞讨。妻妾发现了他的秘密后痛苦不堪，而他却并不知道事情已经败露，还在妻妾面前得意扬扬。令人感到既好笑，又有几分恶心。

男主角"齐人"，分明是当时社会上为追求"富贵利达"而不择手段的厚颜无耻的典型人物的缩影。他自欺欺人，做着连自己妻妾也欺骗隐瞒的见不得人的勾当，却装出一副骄傲自满的神气。虽只寥寥几笔，但他的丑恶嘴脸已暴露无遗了。

但在具体分析本文之前，先提个问题。即在《孟子》七章中，每一章都有"孟子曰"字样，说明全书是孟轲的门徒及其后辈们追记下来的。唯独这一章偏偏没有"孟子曰"这三个字。因此近人高步瀛在《孟子文法读本》中认为，这一章应与它的前一章相连，不宜分成两截。现在先把它的前一章抄在下面："储子曰：'王使人瞷夫子，果有以异于人乎？'孟子曰：'何以异于人哉！尧舜与人同耳。'"

正因为齐宣王派人对孟轲窥伺盯梢，才引起孟子讲出了"齐人有一妻一妾"的故事。如把两章连到一起，自然不存在唯独这一章没有"孟子曰"字样的疑问了。另外，我们还可以从文章修辞的角度来看。《孟子》书中用"瞷"的地方只有这两处，而这两段文字又恰好彼此衔接；如果孟子不是用齐人之妻的"瞷良人之所之"来与储子说的"王使人瞷夫子"相呼应，而是分成全无关涉的两章，那么这两个字的出现也未免太凑巧了。但上述两点还不是两章书应合为一章的最有力的证明，后面将做进一步的探究。

故事的叙述部分没有什么有意突出的笔墨，作者态度的冷静客观有点像契诃夫在写短篇。但文章却是由浅入深，用先果而后因（先写现象后点出这种现象发生的背景）的手法，层层揭示出"齐人"龌龊的灵魂，剥去他虚伪的外衣。从"齐人"口头上的吹牛（"所与饮食者""尽富贵也"）引起了"其妻"的疑心，用"未尝有显者来"点出可疑的症结所在。接着笔锋却从"其妻"的角度由侧面往深处揭露："遍国中无与立谈者"，是说这个自吹自擂的家伙连普通老百姓都没有一个搭理他的，可见"尽富贵也"的话纯属吹牛；然后写他"卒之东郭墦间"，跑到墓地上去了，这不能不令人奇怪；最后谜底揭晓，原来他不过是个乞丐，而且是个死皮赖脸的痞子，"乞其余，不足，又顾而之他"。这种抽丝剥茧的手法还不够，更在下面一段的末尾补上一句"施施从外来，骄其妻妾"，写"齐人"的厚颜无耻不但只停留在口头上，而且表露在神态上和精神状态中，此之谓"颊上添毫"。这种形象刻画真是跃然纸上了。

思考寄语

文章通过一个生动的寓言故事，辛辣地讽刺了那种不顾礼义廉耻，以卑鄙的手段追求富贵利达的人。这篇文章先是故事的序幕，简单地交代了背景，引出了人物。再是故事的发生，写齐人的诡秘行动和对妻妾的夸耀。然后是故事的发展，写妻子的怀疑和妻妾的商议。接着是故事的高潮，写妻子的追踪侦查和齐人"餍酒肉"的真相。最后是故事的结局，写妻妾的羞惭愤恨和齐人恬不知耻的丑态。

方圆相宜 行稳致远

3 敖不可长

敖不可长,欲不可从,志不可满,乐不可极。贤者狎而敬之,畏而爱之。爱而知其恶,憎而知其善。积而能散,安安而能迁。临财毋苟得,临难毋苟免。很毋求胜,分毋求多。疑事毋质,直而勿有。

60

知人论世

选自《礼记·曲礼上》,《礼记》又名《小戴礼记》《小戴记》,成书于汉代,为西汉礼学家戴圣所编。《礼记》是中国古代一部重要的典章制度选集,共二十卷四十九篇,书中内容主要写先秦的礼制,体现了先秦儒家的哲学思想(如天道观、宇宙观、人生观)、教育思想(如个人修身、教育制度、教学方法、学校管理)、政治思想(如以教化政、大同社会、礼制与刑律)、美学思想(如物动心感说、礼乐中和说),是研究先秦社会的重要资料,是一部儒家思想的资料汇编。

《礼记》章法谨严,映带生姿,文辞婉转,前后呼应,语言整饬而多变,是"三礼"之一、"五经"之一、"十三经"之一。自东汉郑玄作"注"后,《礼记》地位日升,至唐代时尊为"经",宋代以后,位居"三礼"之首。《礼记》中记载的古代文化史知识及思想学说,对儒家文化传承、当代文化教育和德行教养,及社会主义和谐社会建设有重要影响。

阅读鉴赏

古代儒家思想的最大特点是凡事保持中间态度:既不能不及,又不能太过。这种态度叫作"中庸"。

做人，保持中庸尤其重要，而且具有很大的实践价值，也是修身养性的主要内容。内心要庄重矜持，但又不能过分，过分便成了傲慢。欲望可以得到正当的满足，过分则走向放纵。在任何时候，在任何事情上，都不能达到顶点，不能走向极端。这样，才能在上下左右的关系中和不断变化的环境中站稳脚跟，有所作为。

这种观念体现了儒家对人生的基本态度。它是积极的、现实的、进取的，同时又是谨慎的、保守的。千百年来，它对塑造我们民族的人格心理起到重要作用，产生深远影响，是人生修养的重要思想资源。

无论我们现在如何来评价这种人生态度，事实上它已深入我们人格心理的深层结构之中。我们已习惯于按这种方式来待人接物，习惯于寻找历史的和现实的例证来证明傲慢、纵欲、自满、享乐的有害，以及保持中间状态的成功。我们也习惯于以此来品评他人，要求他人。这种传统，恐怕难以改变。

思考寄语

　　很多人以为儒家经典就是教导人如何成为圣人。当然事实上这是肯定有的，但是千万不能认为经典就只是圣人之学。实际上，就如同"敖不可长"这短短四个字所体现的，先秦时候的人们就已经达到了某种"人情练达"的状况：成为圣人虽是不二的理想，但也知道有些东西是作为尘世之子的凡人所力不及的，比如说完全摈除傲慢，完全无欲无求。所以，在这本《礼记》里面，很多时候说的不是要一个君主如何成为圣人，而说的是君主如何在待人接物中保持一个度，一个符合礼法的度。这也是"中庸"在经典中的一个突出的体现。

方圆相宜　行稳致远

4 孟子·尽心章句（上）（节选）

诵读主体

孟子谓宋勾践曰："子好游乎？吾语子游。人知之，亦嚣嚣；人不知，亦嚣嚣。"

曰："何如斯可以嚣嚣矣？"

曰："尊德乐义，则可以嚣嚣矣。故士穷不失义，达不离道。穷不失义，故士得己焉；达不离道，故民不失望焉。古之人，得志，泽加于民；不得志，修身见于世。穷则独善其身，达则兼善天下。"

知人论世

孟子（约前372年—前289年），名轲，字子舆，邹（今山东邹城市）人。孟子是战国时期伟大的思想家、教育家，儒家学派的代表人物，与孔子并称"孔孟"。后世追封孟子为"亚圣公"，尊称为"亚圣"，其弟子及再传弟子将孟子的言行记录成《孟子》一书，属语录体散文集，是孟子的言论汇编。

阅读鉴赏

译文：孟子对宋勾践说："你喜欢游说君主吗？我和你聊聊游说的事。别人理解我，我便悠然自得无所求；别人不理解我，我也悠然自得无所求。"

宋勾践问道："怎么做才能够悠然自得无所求呢？"

孟子回答说："尊崇德，喜欢义，就能够悠然自得无所求了。所以，士人困窘的时候不失掉义，得志的时候不背离道。困窘的时候不失掉义，所以士人能够悠然自得无所求；得志的时候不背离道，所以百姓不会对他感到失望。古时的人，得志时施恩泽于百姓；不得志时，修养个人品德来立身于世。困窘时保持自己的善性,得志时还要使天下人得到好处。

选文为《孟子·尽心章句(上)》第九篇,其中的"穷则独善其身,达则兼善天下"更是千古名句。"穷"和"达"并不是贫穷和富贵,而是得志与否。"独善其身"和"兼善天下"看似两个概念,实则是一个意思,即"修身"。"独善其身"时的"修身",是在不得志时、理想未能实现之时,学习他人长处,规避自己的缺点,弥补自己的长处,养精蓄锐,做好充分准备。"兼善天下"时的"修身"是更高一层的"修身",既要发扬自身优点,又要发扬至圣先贤的美德,更要目标远大,持之以恒,锐意进取。

思考寄语

人生旅途中,无论"穷"或"达","修身"是需要终其一生的事业。在现代社会,多学技术、多做实事,提高自身能力,锻炼自身本领,也是"修身"的重要途径。

方圆相宜 行稳致远

5 进学解(节选)

诵读主体

国子先生晨入太学,招诸生立馆下,诲之曰:"业精于勤,荒于嬉;行成于思,毁于随。方今圣贤相逢,治具毕张。拔去凶邪,登崇畯良。占小善者率以录,名一艺者无不庸。爬罗剔抉,刮垢磨光。盖有幸而获选,孰云多而不扬?诸生业患不能精,无患有司之不明;行患不能成,无患有司之不公。"

《进学解》创作于唐宪宗元和八年（813），当时韩愈四十六岁，被贬任国子学博士。全文假托向学生训话，勉励他们在学业、德行方面取得进步，学生提出疑问，他再进行解释，故名"进学解"。在学生眼里，他是一位对儒家道统思想充满热情且又有真才实学的人，但他未能被当时的统治者重用。文中"先生"虽在看似心平气和地解答学生的疑问。实际上，这种平和的语气之下隐藏着韩愈的牢骚与愤懑。

阅读鉴赏

译文：国子先生早上走进太学，召集学生们站立在学舍下面，教导他们说："学业由于勤奋而专精，由于玩乐而荒废；德行由于独立思考而有所成就，由于因循随俗而败坏。当今圣君与贤臣相遇，各种法律全部实施。除去凶恶奸邪之人，提拔优秀人才。具备一点优点的人全部被录取，拥有一种才艺的人没有不被任用的。选拔优秀人才，培养造就人才。只有才行不高的侥幸被选拔，绝无才行优秀者不蒙提举。诸位学生只要担心学业不能精进，不要担心主管部门官吏不够英明；只要担心德行不能有所成就，不要担心主管部门官吏不公正。"

节选部分是国子先生勉励学生的话。韩愈认为学子们想要被录用，就必须在"业"和"行"两方面刻苦努力。"业"是读书、作文等的学业，"行"不仅包括为人处世方面，还包括"立言"，即发表重要言论、见解。在入仕选拔时只需要担心学业是否优秀，言行举止是否得体，不需要担忧用人单位不公平、不公正。

思考寄语

在"业"和"行"两方面刻苦努力，提升学业，励精图治，学会为人处世，在当今公平、开放的社会大环境下，便不愁不被录用。

6 老子今注今译·第三十三章

诵读主体

知人者智，自知者明。胜人者有力，自胜者强。知足者富。强行者有志。不失其所者久。死而不亡者寿。

知人论世

《老子》又称《道德经》，全书分为《道经》和《德经》两篇，共计八十一章，仅仅五千余字，却微言大义，包罗万象。其内容涵盖了宇宙观、认识观、人生观、方法论以及处世之学、用兵之道、治国之策……《老子》被世人奉为道教主要经典之一，为我国重要文化遗产。

《老子今注今译》是由陈鼓应先生注译的。《道典诠释书系①：老子今注今译（参照简帛本最新修订版）》在大量吸收前人研究成果的基础上，根据个人多年研究心得，对《老子》作了全面介绍。它以《老子》原有篇章为序，先引原文，再加注释，而后是今译，最后是引述。注释通俗易懂，今译文字优美，注释、引述学术容量大。因而，它既便于初学者学习，又可作为进一步研究的指南。

阅读鉴赏

本章讲个人修养与自我设计的问题，主张人们要丰富自己精神生活的一系列观点。在老子看来，"知人""胜人"十分重要，但是"自知""自胜"更加重要。本章与第九章、第十章、第十五章、第二十章的写法比较类似，侧重于探讨人生哲理。老子在本章，全部用的正面直言的文字，与前面几章不同。他认为，一个人倘若能审视自己、坚定自己的生活信念，并且切实推行，就能够保持旺盛的生命力和饱满的精神风貌。

文本告诉我们能知道和了解他人是智慧，但能知道和了解自己更加聪明。能战胜别人说明下了功力，但能战胜自己更强。知足者常乐是富有，努力坚持不懈就是有志之士。不离失本分的人就能长久不衰，身虽死而精神永存，这才是长寿之道。

人这一辈子能够拥有多少，一半由天意，一半由人谋，凡事必须顺其自然，也就是我们平时说的恪守本分，有遗憾就得弥补，有梦想就得追求，也就说不任由命运摆布。追求权名富贵的人并不可耻，拥有权名富贵的人也并不一定幸福，把拥有的用在自己身上是自由，用到他人身上才会受人尊敬。我们必须认清自我，超越自我，活出自我，期待将来那个优秀自己。

思考寄语

中国有句古话叫"人贵有自知之明"。这句话的最早表述者就是老子。"自知者明"，就是说能清醒地认识自己、对待自己，这才是最聪明的，最难能可贵的。不离失本分的人就能长久不衰，身虽死而"道"仍存的，才算真正的长寿。我们要注重个人修养，人应自知和战胜自我，如此你的人生才能获得成功。

7 论语·季氏篇·一则

诵读主体

　　孔子曰："益者三友，损者三友。友直，友谅，友多闻，益矣。友便辟，友善柔，友便佞，损矣。"

知人论世

　　《论语》是春秋时期一部语录体散文集，主要记录孔子及其弟子言行，由孔子弟子及再传弟子编纂而成。全书以语录体为主，较为集中地体现了孔子及儒家学派的政治主张、伦理思想、道德观念及教育原则等。南宋时，朱熹将它与《孟子》《大学》《中庸》合为"四书"，使之在儒家经典中的地位日益提高。

阅读鉴赏

　　孔子说："有益的朋友有三种，有害的朋友有三种。与正直的人交朋友，与诚信的人交朋友，与知识广博的交朋友，是有益的。与惯于阿谀奉承的人交朋友，与当面恭维背后诽谤的人交朋友，与善于花言巧语的人交朋友，是有害的。"

　　在这一则内容中，孔子告诉了我们该如何结交朋友。

　　我们该结交正直的人、诚信的人、知识渊博的人，把这些人当作朋友。正直、诚信为做人之根本，同这样的人做朋友，不必担心被对方欺骗，也不必担心被对方带入歧途。"物以类聚，人以群分"，耳濡目染，时间长了，我们自己也会成为一个正直的人、诚信的人、知识渊博的人，这就是榜样的力量。

　　我们应该远离那些善于阿谀奉承、溜须拍马的人，远离那些当面一套背后一套、两面三刀的人，远离那些花言巧语，为达到个人目的不择手段、欺骗他人的

方圆相宜　行稳致远

人。与这样的人交朋友，自己随时有可能成为对方的垫脚石，或成为权势、利益争夺战的牺牲品，最终路也会越走越窄，以致无路可走，害人害己。

思考寄语

古人说"近朱者赤，近墨者黑"。与不同的人交朋友，就会成为朋友那样的人，每个人都要争做正直、诚信、勤奋好学、积极向上的人，这样才能成为别人眼中的"益友"。

8 饮酒（其五）

诵读主体

结庐在人境，而无车马喧。
问君何能尔？心远地自偏。
采菊东篱下，悠然见南山。
山气日夕佳，飞鸟相与还。
此中有真意，欲辨已忘言。

知人论世

陶渊明（约365—427），字元亮，晚年更名潜，别号五柳先生，私谥靖节，世

诵读，伴思想航船远行（第一册）

称靖节先生。浔阳柴桑（今江西省九江市）人。东晋著名的诗人、辞赋家、散文家。曾任江州祭酒、建威参军、镇军参军、彭泽县令等职，最末一次出仕为彭泽县令，八十多天便弃职而去，从此归隐田园。著有《陶渊明集》。

《饮酒》共二十篇，是东晋末至南朝宋初期文学家陶渊明创作的一组五言诗。这二十首诗借酒为题，以饱含忧愤的笔触，抒写了作者对现实的不满和对田园生活的喜爱，充分表现了作者高洁傲岸的道德情操和安贫乐道的生活情趣。《饮酒》（其五）大约作于417年，即诗人归田后的第十二年，正值东晋灭亡前夕。

阅读鉴赏

将房屋建造在人来人往的地方，却不会受到世俗交往的喧扰。问我为什么能这样，只要心中所想远离世俗，自然就会觉得所处地方僻静了。在东篱之下采摘菊花，悠然间，那远处的南山映入眼帘。傍晚时分南山景致甚佳，雾气峰间缭绕，飞鸟结伴而还。这里面蕴含着人生的真正意义，想要分辨清楚，却已忘了怎样表达。

作者为何身处人境而无车马喧扰的烦恼？因为"心远地自偏"，因为远离昏暗官场，远离奸诈小人，即便是身处闹市也能无世俗环境的干扰。不被世俗名利叨扰，不为虚荣尘俗左右，从精神上摆脱了世俗，也就能超脱于世俗。

"采菊东南下，悠然见南山。山气日夕佳，飞鸟相与还"四句写出了诗人全然融入其中，悠然自得的心理状态。山林是飞鸟的归宿，田园是诗人的归宿，诗人就像这鸟儿一样，即使屡次离家出仕，终究还要回归田园。在这里，随心采摘菊花、欣赏南山的景致，看看峰间缭绕的雾气，仰望朝去夕归的飞鸟，一切都是那么美好恬静。

"此中有真意，欲辨已忘言"两句，写出诗人在美景中领悟到人生的真谛，找到了人生的"真意"。放弃高官厚禄的生活，回到清新可人的田园，将安贫乐道、励志守节的高尚品德展现得淋漓尽致。

思考寄语

王国维在《人间词话》中说："无我之境，以物观物，故不知何者为我，何者为物。"这首诗就是陶渊明"以物观物"所创造的"无我之境"的代表作。在诗人的笔下，大自然充满盎然生机，给人以美的享受和满足。它十分鲜明地表现了陶渊明归隐田园采菊赏景的生活情趣，以及在大自然的启迪下所领悟到的人生真谛。

方圆相宜 行稳致远

9 白马篇

白马饰金羁，连翩西北驰。借问谁家子，幽并游侠儿。
少小去乡邑，扬声沙漠垂。宿昔秉良弓，楛矢何参差。
控弦破左的，右发摧月支。仰手接飞猱，俯身散马蹄。
狡捷过猴猿，勇剽若豹螭。边城多警急，虏骑数迁移。
羽檄从北来，厉马登高堤。长驱蹈匈奴，左顾凌鲜卑。
弃身锋刃端，性命安可怀？父母且不顾，何言子与妻！
名编壮士籍，不得中顾私。捐躯赴国难，视死忽如归。

知人论世

曹植（192—232），字子建，沛国谯县（今安徽省亳州市）人，是曹操与武宣卞皇后所生第三子，生前曾为陈王，去世后谥号"思"，因此又称陈思王。

曹植是三国时期著名文学家，作为建安文学的代表人物之一与集大成者，他在两晋南北朝时期，被推尊到文章典范的地位。其代表作有《洛神赋》《白马篇》《七哀诗》等。后人因其文学上的造诣而将他与曹操、曹丕合称为"三曹"。其诗以笔力雄健和词彩华丽见长，留有集三十卷，已佚，今存《曹子建集》为宋人所编。曹植的散文同样具有"情兼雅怨，体被文质"的特色，加上其品种的丰富多样，使他在这方面取得了卓越的成就。南朝宋文学家谢灵运有"天下才有一石，曹子建独占八斗"的评价。文学批评家钟嵘亦赞曹植："骨气奇高，词彩华茂，情兼雅怨，体被文质，粲溢今古，卓尔不群。"并在《诗品》中把他列为品第最高的诗人。王士祯尝论汉魏以来二千年间诗家堪称"仙才"者，曹植、李白、苏轼三人耳。

《白马篇》又名《游侠篇》，是拟乐府之作，属《杂曲歌辞·齐瑟行》。

这首诗运用铺叙描写的方法，以刚健明快的笔调，塑造了一个娴熟、豪爽英武的壮士的英雄形象，抒发了为解救国难而视死如归的豪迈精神，表达了热爱国家的感情。

全诗结构严谨。前写游侠儿的成长，为后面做铺垫；后写游侠儿的杀敌为国业绩，是前面的发展和归宿。前后一气，浑然一体。诗中人物形象鲜明。游侠儿的英姿、武艺、勇武、爱国热情、内心活动，均写得恰到好处。人物形象血肉丰满，栩栩如生。另外，前一部分明暗结合，以明衬暗以及细节的描写，后一部分详略手法的运用，均起到了描绘形象的作用。

"白马饰金羁，连翩西北驰"二句以白马奔腾如飞的形象，既写出游侠儿骑术的高超，同时也振起全篇。"借问谁家子，幽并游侠儿。少小去乡邑，扬声沙漠垂"四句补叙游侠儿的来历。"宿昔秉良弓，楛矢何参差。控弦破左的，右发摧月支。仰手接飞猱，俯身散马蹄。狡捷过猴猿，勇剽若豹螭"八句热情描写游侠儿的高超武艺，他的不同凡响的骑、射、狡、勇，正是来日杀敌立功的先决条件。"边城多警急，虏骑数迁移。羽檄从北来，厉马登高堤。长驱蹈匈奴，左顾凌鲜卑"六句写游侠儿驰骋战场、奋勇杀敌的英武气概。"弃身锋刃端，性命安可怀？父母且不顾，何言子与妻！名编壮士籍，不得中顾私。捐躯赴国难，视死忽如归"八句描写游侠儿报效国家、不怕牺牲的心理活动。

期待大家通过对本诗的鉴赏，了解汉、魏、晋诗歌在继承发扬《诗经》《楚辞》的艺术特点方面的成就，理解作者塑造这位武艺高超、渴望为国立功甚至不惜牺牲生命的游侠少年形象的深刻意义，思考英勇善战、忠贞爱国、视死如归的战斗精神在当今社会的现实意义。

10 行路难（其一）

诵读主体

金樽清酒斗十千，玉盘珍羞直万钱。
停杯投箸不能食，拔剑四顾心茫然。
欲渡黄河冰塞川，将登太行雪满山。
闲来垂钓碧溪上，忽复乘舟梦日边。
行路难，行路难，多歧路，今安在？
长风破浪会有时，直挂云帆济沧海。

知人论世

　　李白（701—762），字太白，号青莲居士，又号"谪仙人"，唐代伟大的浪漫主义诗人，被后人誉为"诗仙"，与杜甫并称为"李杜"，为了与另两位诗人李商隐与杜牧即"小李杜"区别，杜甫与李白又合称"大李杜"。北京大学教授李志敏评价："李白之诗呼吸宇宙，出乎道；杜甫之诗德参天地，源于儒，皆至天人合一境界，故能出神入化。"《旧唐书》记载李白为山东人；《新唐书》记载，李白为兴圣皇帝李暠九世孙，与李唐诸王同宗。其人爽朗大方，爱饮酒作诗，喜交友 。

　　李白有《李太白集》传世，诗作中多为醉时所写，代表作有《望庐山瀑布》《行路难》《蜀道难》《将进酒》《明堂赋》《早发白帝城》等多首。李白所作词赋，宋人已有传记（如文莹《湘山野录》卷上），就其开创意义及艺术成就而言，"李白词"享有极为崇高的地位。

阅读鉴赏

这是李白所写的三首《行路难》的第一首。这组诗从内容看,应该是写在天宝三载(744)李白离开长安的时候。

这首诗形象地显示了李白内心的苦闷抑郁,感情的激荡变化。一个怀有伟大政治抱负的人物, 在受诏入京、有幸接近皇帝的时候,皇帝却不予任用,被"赐金还山",变相撵出了长安,这不正像遇到冰塞黄河、雪拥太行吗!但是,李白并不是那种软弱的性格,从"拔剑四顾"开始,就表示不甘消沉,而要继续追求。他相信不管前方的道路有多少困难,总有一天能乘长风破万里浪,高高挂起云帆,在沧海中勇往直前。这更表明了他旷达豪放、积极的人生态度。虽然屡受挫折,难抵内心的悲愤,但他仍以乐观向上、积极进取的态度激励自己。

思考寄语

即使才高如太白,人生也有失意和茫然的时候,但即使徘徊在人生的低谷,也不应该放弃自己的理想,而应坚信自己一定能走出困境,大展宏图。希望大家能从李白身上学习到他的自信、乐观,相信通过强大自己的精神力量,我们终将会"乘风破浪"!

方圆相宜 行稳致远

11 望 岳

岱宗夫如何？齐鲁青未了。
造化钟神秀，阴阳割昏晓。
荡胸生曾云，决眦入归鸟。
会当凌绝顶，一览众山小。

知人论世

　　杜甫（712—770），字子美，自号少陵野老，唐代伟大的现实主义诗人，与李白合称"李杜"。出生于河南巩县，原籍湖北襄阳。为了与另两位诗人李商隐与杜牧即"小李杜"区别，杜甫与李白又合称"大李杜"，杜甫也常被称为"老杜"。

　　杜甫少年时代曾先后游历吴越和齐赵，其间曾赴洛阳应举不第。三十五岁以后，先在长安应试，落第；后来向皇帝献赋，向贵人投赠。官场不得志，目睹了唐朝上层社会的奢靡与社会危机。天宝十四载（755），安史之乱爆发，潼关失守，杜甫先后辗转多地。乾元二年（759）杜甫弃官入川，虽然躲避了战乱，生活相对安定，但仍然心系苍生，胸怀国事。杜甫创作了《登高》《春望》《北征》以及"三吏""三别"等名作。虽然杜甫是个现实主义诗人，但他也有狂放不羁的一面，从其名作《饮中八仙歌》不难看出杜甫的豪气干云。

　　杜甫的思想核心是仁政思想，他有"致君尧舜上，再使风俗淳"的宏伟抱负。杜甫虽然在世时声名并不显赫，但后来声名远播，对中国文学和日本文学都产生了深远的影响。杜甫共有约1500首诗歌被保留了下来，大多集于《杜工部集》。

　　大历五年（770）冬，病逝，享年五十九岁。杜甫在中国古典诗歌中的影响非常深远,被后人称为"诗圣",他的诗被称为"诗史"。后世称其杜拾遗、杜工部,也称他杜少陵、杜草堂。

阅读鉴赏

　　全诗没有一个"望"字,但句句写向岳而望,距离是自远而近,时间是从朝至暮,从精到细,并由望岳联想到将来登岳。意境开阔高远,气势雄伟浑朴。

　　《望岳》中每一联都有"望"的意思,但望的角度不同,首联是远望,颔联是近望,颈联是细望,尾联是俯视。

　　开头一句"岱宗夫如何",以一句设问统领下文。二句的"齐鲁青未了"自问自答,生动形象地道出泰山的绵延、高大。"青"字是写青翠的山色,"未了"是表现山势之广大,青翠之色一望无际,这是远望之景。

　　三、四句是近望之势。"造化钟神秀"是说泰山秀美无比,仿佛大自然将一切神奇秀丽都聚集在这里了,"钟"是聚集的意思,"钟"字用拟人的手法,写出了大自然的多情,也体现出作者对泰山雄奇秀丽美景的喜爱。"阴阳割昏晓",突出泰山的高耸挺拔,高得把山南山北分成光明与昏暗的两个天地。"割",是划分的意思,写高大的泰山像一把硕大无比的刀将山南山北的阳光切断,形成两种不同的自然景观,突出了泰山遮天蔽日的形象。

　　五、六两句是近看之景,并由静转动。"荡胸生层云"描写山腰云雾层层缭绕,使胸怀涤荡,腾云而起,用"层云"衬托出山高。"决眦入归鸟",是瞪大了眼睛望着一只只飞回山林中的小鸟,表现出了山腹之深。一个"入"字用得微妙传神,一只只小鸟从远处徐徐而来,又徐徐而去,足见山腹是何等深远了。

　　最后两句写想象中的登山之情,是作者由望景而产生了登临的愿望。"登泰山而小天下",它不只是诗人要攀登泰山极顶的誓言,也是攀登人生顶峰的誓言。"会当凌绝顶"中的"凌"字,是登临、登上的意思,这里作者想象自己登上泰山绝顶的豪迈之情,表现了作者登临的决心和豪迈的壮志。"一览众山小",写诗人想象中登上绝顶后放眼四望的景象,"小"是低小、矮小的意思,其他的山在泰山面前显得低小,以此衬托出泰山的高大,形象地写出了泰山巍然高耸的气势,同时表达了诗人攀登绝顶、俯视一切的雄心壮志。

　　这首诗作者热情地赞美了泰山高大雄伟的气势和神奇秀丽的景色,也表达了作者不怕困难,敢于攀登绝顶、俯视一切的雄心壮志的思想感情。

方圆相宜　行稳致远

《望岳》是一首十分励志的诗歌，这首诗也被后人刻在了碑石上，矗立于泰山山麓。它激励着一代又一代的人们，去不断攀登心目中的高峰。今天，我们需要不断攀登人生的高峰，让我们以杜甫的这首诗歌自勉，"齐鲁青未了"，奋勇登高望远，去领略人生至高处的至美风光！

12 戏问花门酒家翁

诵读主体

老人七十仍沽酒，千壶百瓮花门口。
道旁榆荚巧似钱，摘来沽酒君肯否？

知人论世

岑参（约715—770）唐代诗人。荆州江陵（现湖北江陵）人。出身于官僚家庭，曾祖父、伯祖父、伯父都官至宰相。父亲两任州刺史。但父亲早死，家道衰落。他自幼从兄受书，遍读经史。二十岁至长安，求仕不成，奔走京洛，北游河朔。三十岁举进士，授兵曹参军。天宝间，两度出塞，居边塞六年，颇有雄心壮志。安史之乱后回朝，由杜甫等推荐任右补阙，转起居舍人等职，大历间官至嘉州刺史，世称岑嘉州。后罢官，客死成都旅舍。岑参与高适并称"高岑"，同为盛唐边塞诗派的代表。其诗题材广泛，除一般感叹身世、赠答朋友的诗外，出塞以前曾写了不少山水诗，诗风颇似谢朓、何逊，但有意境新奇的特色。有《岑嘉州集》。

阅读鉴赏

　　这是一首别具一格的生活抒情小诗，诗人在经历了漫漫瀚海的辛苦旅程之后，蓦然领略了道旁榆钱初绽的春色和亲见老人安然沽酒待客的诱人场面，他就在酒店小驻片刻，让醉人的酒香驱散旅途的疲劳，并欣赏这动人的春光。

　　诗的开头两句纯用白描手法，从花门楼前酒店落笔，如实写出老翁待客、美酒飘香的情景，堪称盛唐时代千里河西的一幅生动感人的风俗画，字里行间烘托出边塞安定、闾阎不惊的时代气氛，为下文点明"戏问"的诗题做了铺垫。三、四两句，诗人不是索然寡味地实写付钱沽酒的过程，而是在偶见春色的刹那之间，立即从榆荚形似钱币的外在特征上抓住了动人的诗意，用轻松、诙谐的语调戏问了那位沽酒的七旬老翁："老人家，摘下一串白灿灿的榆钱来买您的美酒，您肯不肯哪？"诗人丰富的想象，把生活化成了诗，读者可从中充分感受到盛唐时代人们乐观、开阔的胸襟。

　　这首诗用口语化的诗歌语言，写眼前景物，人物音容笑貌栩栩如生，格调诙谐、幽默。诗人为凉州早春景物所激动、陶醉其中的心情，像一股涓涓细流，回荡在字里行间。在写法上，朴素的白描和生动的想象相结合，在虚实相映中显示出既平凡而又亲切的情趣。此诗语言富有平实中见奇峭的韵味，给全诗带来了既轻灵跳脱又幽默诙谐的魅力。

思考寄语

　　《戏问花门酒家翁》是唐代诗人岑参创作的七言绝句。诗写诗人在春光初临的凉州城中，对卖酒老人的诙谐戏问，展现了盛唐时代人们乐观、开阔的胸襟。诗语言具有口语化的特点，用浅近的语言描写眼前景物，格调诙谐轻松，是一首别具一格的小诗。

方圆相宜　行稳致远

13 从军行七首（其四）

青海长云暗雪山，
孤城遥望玉门关。
黄沙百战穿金甲，
不破楼兰终不还。

知人论世

　　王昌龄（698—757），字少伯，汉族。盛唐著名边塞诗人，后人誉为"七绝圣手"。他的边塞诗气势雄浑，格调高昂，充满了积极向上的精神。世称王龙标，有"诗家天子王江宁"之称，存诗一百七十余首，作品有《王昌龄集》。与李白、高适、王维、王之涣、岑参等交厚。官至秘书省校书郎。

阅读鉴赏

　　唐代边塞诗的读者，往往因为诗中所涉及的地名古今杂举、空间悬隔而感到困惑，怀疑作者不谙地理，因而不求甚解者有之，曲为之解者亦有之。这首诗就有这种情形。前两句提到三个地名。雪山即河西走廊南面横亘延伸的祁连山脉，青海与玉门关东西相距数千里，却同在一幅画面上出现，于是对这两句就有种种不同的解说。有的说，上句是向前极目，下句是回望故乡。这很奇怪，青海、雪山在前，玉门关在后，则抒情主人公回望的故乡该是玉门关西的西域，那不是汉兵，倒成胡兵了。另一说，次句即"孤城玉门关遥望"之倒文，而遥望的对象则是"青海长云暗雪山"，这里存在两种误解：一是把"遥望"解为"遥看"，二是把对西北边陲地区的概括描写误解为抒情主人公望中所见，而前一种误解即因后一种误解而生。一、二两句，不妨设想成次第展现的广阔地域的画面：青海湖上空，长云弥漫；湖的北面，横亘着绵延千里的隐隐的雪山；越过雪山，是矗立在河西走廊荒漠中的一座孤城；再往西，就是和孤城遥遥相对的军事要塞——玉门关。这幅集中了东西数千里广阔地域的长卷，就是当时西北戍边将士生活、战斗的典型环境。它是对整个西北边陲的一个鸟瞰，一个概括。为什么特别提及青海与玉门关呢？这跟当时民族之间战争的态势有关。唐代西、北方的强敌，一是吐蕃，二是突厥。河西节度使的任务是隔断吐蕃与突厥的交通，一镇兼顾西方、北方两个强敌，主要是防御吐蕃，守护河西走廊。"青海"地区，正是吐蕃与唐军多次作战的场所；而"玉门关"外，则是突厥的势力范围。所以，这两句不仅描绘了整个西北边陲的景象，而且点出了"孤城"南拒吐蕃、西防突厥的极其重要的地理形势。这两个方向的强敌，正是戍守"孤城"的将士心之所系，宜乎在画面上出现青海与玉门关。与其说这是将士望中所见，不如说这是将士脑海中浮现出来的画面。这两句在写景的同时渗透丰富复杂的感情：戍边将士对边防形势的关注，对自己所担负任务的自豪感、责任感，以及戍边生活的孤寂、艰苦之感，都融合在悲壮、开阔而又迷蒙暗淡的景色里。三、四两句由情景交融的环境描写转为直接抒情。"黄沙百战穿金甲"，概括力强，戍边时间之漫长，战事之频繁，战斗之艰苦，敌军之强悍，边地之荒凉，都于此七字中概括无遗。"百战"是比较抽象的，冠以"黄沙"二字，就突出了西北战场的特征，令人宛见"日暮云沙古战场"的景象；"百战"而至"穿金甲"，更可想见战斗之艰苦激烈，也可想见这漫长的时间中有一系列"白骨乱蓬蒿"式的壮烈牺牲。但是，金甲尽管磨穿，将士的报国壮志却并没有被消磨，而是在大漠风沙的磨炼中变得更加坚定。"不破楼兰终不还"，就是身经百战的将士的豪壮誓言。上一句把战斗之艰苦，战事之频繁写得越突出，这一句便越显得铿锵有力、掷地有声。一、二两句，境界阔大，感情悲壮，含蕴丰富；三、四两句之间，显然有转折，二句形成鲜明对照。"黄沙"句尽管写出了战争艰苦，但整个形象给人的实际感受是雄壮有力，而不是低沉伤感的。因此，末句并非嗟叹归家无日，而是在深深意识到战争的艰苦、长期的基础上所发出的更坚定、深沉的誓言，盛唐优秀边塞诗的一个重要的思想特色，就是在抒写戍边将士的豪情壮志的同时，并不回避战争的艰苦，本篇就是一个显例。可以说，三、四两句这种不空洞肤浅的抒情，正需要有一、二两句那种含蕴丰富的大处落墨的环境描写。

典型环境与人物感情高度统一，是王昌龄绝句的一个突出优点，这在本篇中也有明显的体现。"青海长云暗雪山"一句所展示的景象极为辽阔。青海是征人的戍守之地，浩渺无涯的青海湖，唐时哥舒翰曾筑城于此，置神威军以固边防，抗御入侵强敌。于戍楼之上极目远眺，天边长云、水、天、山融为一体，云海、雪山一片迷漫。置身于这样一个特定的环境，最易惹人思乡。"孤城遥望玉门关"一句，转入乡愁。玉门关在今甘肃敦煌市西，汉代在此设关，是中原和西域分界的关隘。《汉书·西域传》："（西域）东则接汉，扼以玉门、阳关。"古时一出玉门关，即远离家乡，王维"劝君更尽一杯酒，西出阳关无故人"（《送元二使安西》）即是此意。征人于望断雪山、云海之时，自然思念家乡，故这句写遥望玉门关，实是寄托乡愁情思。从戍地青海的孤城是不可能望到玉门关的，"遥望"，谓玉门在望，即是说已远离家乡，表现思乡之切。 接下来的两句另辟新境，使全诗的基调由低回而转向高昂。"黄沙百战穿金甲"，意气豪迈。金甲指铁甲，由于在沙漠地带久经征战，铁甲也为之磨穿，暗示戍边时间之长和战斗的频繁。这句写实，也反映出战士保国的壮志。结句"不破楼兰终不还"是前句的深化，直陈己志。楼兰，汉时西域国名。

思考寄语

　　盛唐的边塞诗意境高远，格调悲壮，像雄浑的军号，一声声吹得历史都热血沸腾。盛唐的边塞诗人视野开阔，胸怀激荡，充满了磅礴的浪漫气质和一往无前的英雄主义精神。他们唱出了时代的最强音，充分体现了盛唐精神，是古代诗坛上绝无仅有的奇葩，是后世诗人可望而不可即的高峰。王昌龄是一个创作边塞诗的能手。其边塞诗既多且好，尤其善于多方面表现征戍者的生活和内心世界，创造出一种独特的豪迈与悲壮、昂奋与凄怆相交融的深沉风格。

14 游子吟

诵读主体

慈母手中线，游子身上衣。
临行密密缝，意恐迟迟归。
谁言寸草心，报得三春晖。

知人论世

孟郊（751—814），唐代诗人。字东野。湖州武康（今浙江德清）人。少年时隐居嵩山。近五十岁才中进士，任溧阳县尉。与韩愈交谊颇深。其诗感伤自己的遭遇，多寒苦之音。用字造句力避平庸浅率，追求瘦硬。与贾岛齐名，有"郊寒岛瘦"之称。有《孟东野诗集》。

阅读鉴赏

开头两句"慈母手中线，游子身上衣"，实际上是两个词组，而不是两个句子，这样写就从人到物，用"线"与"衣"两件极常见、最普通的东西将"慈母"与"游子"紧紧联系在一起，写出母子相依为命的骨肉之情。紧接两句"临行密密缝，意恐迟迟归"，写出了人的动作和意态，把笔墨集中在慈母上。这里通过慈母为游子赶制出门衣服的动作和心理的刻画，深化母子的骨肉之情。行前的此时此刻，母亲的千针万线，针针线线"密密缝"是因为怕儿子"迟迟"难归。慈母的一片深笃之情，正是通过日常生活中的细节自然地流露出来的。朴素自然，亲切感人。这里既没有言语，也没有眼泪，然而一片纯情的爱从这普通常见的场景中充溢而出。

前面四句采用白描手法，不作任何修饰，但慈母的形象真切感人。最后两句是前四句的升华，以当事者的直觉，翻出进一层的深意："谁言寸草心，报得三春晖。"作者直抒胸臆，对母爱作尽情的讴歌。这两句采用传统的比兴手法：儿女像区区小草，母爱如春天阳光，儿女不能报答母爱之万一。悬绝的对比，形象的比喻，寄托着赤子对慈母发自肺腑的炽烈的情感。

这是一首母爱的颂歌，在宦途失意的境况下，诗人饱尝世态炎凉，穷愁终身，故越觉亲情之可贵。"诗从肺腑出，出辄愁肺腑。"（苏轼《读孟郊诗》二首）这首诗，虽无藻绘与雕饰，然而清新流畅，淳朴素淡中正见其诗味的浓郁醇美。

思考寄语

深挚的母爱，无时无刻不在沐浴着儿女。然而对于孟郊这位常年颠沛流离、居无定所的游子来说，最值得回忆的，莫过于母子分离的痛苦时刻了。此诗描写的就是这种时候，慈母缝衣的普通场景，而表现的，却是诗人深沉的内心情感。

诵读，伴思想航船远行（第一册）

15 冬夜读书示子聿

诵读主体

古人学问无遗力，少壮工夫老始成。
纸上得来终觉浅，绝知此事要躬行。

知人论世

陆游（1125—1210），字务观，号放翁，汉族，越州山阴（今浙江绍兴）人，尚书右丞陆佃之孙，南宋文学家、史学家、爱国诗人。

陆游生逢北宋灭亡之际，少年时即深受家庭爱国思想的熏陶。宋高宗时，参加礼部考试，因受宰臣秦桧排斥而仕途不畅。宋孝宗即位后，赐进士出身，历任福州宁德县主簿、敕令所删定官、隆兴府通判等职，因坚持抗金，屡遭主和派排斥。乾道七年（1171），应四川宣抚使王炎之邀，投身军旅，任职于南郑幕府。次年，幕府解散，陆游奉诏入蜀，与四川制置使范成大相知。宋光宗即位后，升为礼部郎中兼实录院检讨官，不久即因"嘲咏风月"罢官归居故里。嘉泰二年（1202），宋宁宗诏陆游入京，主持编修孝宗、光宗《两朝实录》和《三朝史》，官至宝章阁待制。书成后，陆游长期蛰居山阴，嘉定二年（1210）与世长辞，留绝笔《示儿》。

陆游一生笔耕不辍，诗词文具有很高成就。其诗语言平易晓畅、章法整饬谨严，兼具李白的雄奇奔放与杜甫的沉郁悲凉，尤以饱含爱国热情，对后世影响深远。词与散文成就亦高，宋人刘克庄谓其词"激昂慷慨者，稼轩不能过"。有手定《剑南诗稿》85卷，收诗9000余首。又有《渭南文集》50卷、《老学庵笔记》10卷及《南唐书》等。书法遒劲奔放，存世墨迹有《苦寒帖》等。

阅读鉴赏

这是一首教子诗，诗人要告诉儿子学习的道理。

诗的前两句，赞扬了古人刻苦学习的精神以及做学问的艰难。说明只有少年时养成良好的学习习惯，竭尽全力地打好扎实的基础，将来才能成就一番事业。陆游从古人做学问入手娓娓道来，使人倍感亲切清新，如沐春风。其中"无遗力"三个字，形容古人做学问勤奋用功、孜孜不倦，既生动又形象。第二句阐述了做学问应当持之以恒的道理，同时也强调"少壮工夫"的重要性。他语重心长地告诫儿子，趁着年少精力旺盛，抓住美好时光奋力拼搏，莫让青春年华付诸东流。否则只能是"少壮不努力，老大徒伤悲"。

诗的后两句，特别强调了做学问的功夫要下在哪里，这是做学问的诀窍。书本知识是前人实践经验的总结，能否符合此时此地的情况，还有待实践去检验。只有经过亲身实践，才能把书本上的知识变成自己的实际本领。诗人从书本知识和社会实践的关系着笔，强调实践的重要性，凸显其不凡的真知灼见。"要躬行"包含两层意思：一是学习过程中要"躬行"，力求做到"口到、手到、心到"；二是获取知识后还要"躬行"，通过亲身实践化为己有，转为己用。作者的意图非常明显，旨在激励儿子不要片面满足于书本知识，而应在实践中夯实和进一步获得升华。

诗中通过写陆游对儿子子聿的教育，告诉我们做学问一定要有孜孜不倦、持之以恒的精神。一个既有书本知识，又有实践经验的人，才是真正有学问的人。

思考寄语

这首诗，虽然简短，却告诉了我们一个深刻的道理：做学问一定要有孜孜不倦、持之以恒的精神；一个既有书本知识，又有实践经验的人，才是真正有学问的人。我们不要仅仅满足于书本知识，更应在实践中夯实书本知识，使其得到升华。这种见解，不仅在古代，即使在科技日新月异的当代，仍然具有较强的启迪和借鉴意义。

16 过沙头（其一）

诵读主体

过了沙头渐有村，地平江阔气清温。
暗潮已到无人会，只有篙师识水痕。

知人论世

杨万里（1127—1206），字廷秀，号诚斋，自号诚斋野客 。吉州吉水（今江西省吉水县黄桥镇湴塘村）人。 南宋文学家、官员，与陆游、尤袤、范成大并称为南宋"中兴四大诗人"。

杨万里早年多次拜他人为师。绍兴二十四年（1154）举进士，授赣州司户参军。历任国子监博士、漳州知州、吏部员外郎秘书监等。在朝廷中，杨万里是主战派人物。绍熙元年（1190），借焕章阁学士，为金国贺正旦使接伴使。后出为江东转运副使，反对以铁钱行于江南诸郡，改知赣州，不赴，乞辞官而归，自此闲居乡里。开禧二年（1206）卒于家中，谥号文节。

杨万里的诗自成一家，独具风格，形成对后世影响颇大的诚斋体。学江西诗派，后学陈师道之五律、王安石之七绝，又学晚唐诗。代表作有《插秧歌》《竹枝词》《小池》《初入淮河四绝句》等。其词清新自然，如其诗。赋有《浯溪赋》《海鳅赋》等。今存诗4200余首。

阅读鉴赏

诗的大意是：过了沙头就渐渐地看到了村庄，这里地势低平、江水广阔、气候凉爽。一股暗潮悄然到来，却很少有人发觉。篙师长年累月在江上撑船，对水的深浅和流速都一清二楚，才会明察秋毫。

诗人有一次乘船南下，到广州办差。一路上风景如画，诗人也心情舒畅。但旅程不可能一帆风顺，船儿行驶了一段时间，只见前方重峦叠嶂，水面也忽然变得狭窄，不仅水流开始湍急，而且不时有狂风掠过。

大家立刻紧张起来，都互相提醒和扶持着，船家更是小心翼翼。终于只是有惊无险，客船最后顺利地穿过了这一片比较危险的水域。诗人悬着的一颗心终于放下了，他和大家一样开始放松。"过了沙头渐有村，地平江阔气清温。"一路走来，沿途都是青山绿水，不见人烟，终于看见前面不远，隐隐约约似有一座小村庄，大家更加兴奋，终于可以暂时上岸休息、添加补给了！正当人们脸上都浮起笑容，船家却紧紧地握住撑杆。大家都很奇怪，这里水面宽阔，水温适宜，船家为何反而紧张？与刚才风浪中的从容模样比起来，简直判若两人。杨万里也很好奇，但并没有干扰他，而是静静地旁观，刚刚放松的心弦又再次绷紧。等到船儿缓缓地靠了岸，船家才开始解释，杨万里也恍然大悟地吟诵："暗潮已到无人会，只有篙师识水痕。"

这首诗明白晓畅，却富有深意。常人因为没有水上生活经验，不会觉察到暗潮的来到。而篙师长年累月在江上撑船，细微的变化都能发现。

　　金代诗人元好问曾有《论诗》："眼处心声句自神，暗中摸索总非真。画图临出秦川景，亲到长安有几人？"这首诗也表达出类似的意思，即只有实践才能出真知。综观杨万里的这首诗，娓娓道来，却朴实直白。仿佛就是在拉家常，也像作者在将自己的一次经历与人分享。人们一方面应该为杨万里的这首诗点赞，另一方面也可从中懂得很多道理。

17 和子由渑池怀旧

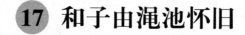

诵读主体

　　人生到处知何似？应似飞鸿踏雪泥。
　　泥上偶然留指爪，鸿飞那复计东西。
　　老僧已死成新塔，坏壁无由见旧题。
　　往日崎岖还记否，路上人困蹇驴嘶。

知人论世

　　苏轼（1037—1101）字子瞻，号东坡居士，眉州眉山（今四川眉山市）人。父苏洵、弟苏辙都是著名的散文家。他是宋仁宗嘉祐二年（1057）的进士，官至翰林学士、知制诰、礼部尚书。曾上书力言王安石新法之弊后因作诗刺新法下御史狱，遭贬。卒后追谥文忠。北宋中期的文坛领袖，文学巨匠，唐宋八大家之一。其文纵横恣肆，其诗题材广阔，清新豪健，善用夸张、比喻，独具风格。词开豪放一派，与辛弃疾并称"苏辛"，与黄庭坚并称"苏黄"，有《东坡全集》《东坡乐府》传世。

阅读鉴赏

苏辙十九岁时，曾被任命为渑池县主簿，未到任即中进士。他与哥哥苏轼赴京应试路经渑池，同住县中僧舍，同于壁上题诗。如今苏轼赴陕西凤翔做官，又要经过渑池，苏辙送哥哥苏轼至郑州，分手回京，因而作《怀渑池寄子瞻兄》，此诗是苏轼的和作。

此诗的重心在前四句，而前四句的感受则具体地表现在后四句之中，从中可以看出诗人先前的积极人生态度，以及后来处在颠沛之中的乐观精神的底蕴。

全篇圆转流走，一气呵成，涌动着散文的气脉，是苏轼的名作之一。这首诗他用巧妙的比喻，把人生看作漫长的征途，所到之处，诸如曾在渑池住宿、题壁之类，就像万里飞鸿偶然在雪泥上留下爪痕，接着就又飞走了，前程远大，这里并非终点。人生的遭遇既为偶然，则当以顺适自然的态度去对待。果能如此，怀旧便可少些感伤，处世亦可少些烦恼。苏轼的人生观如此，其劝勉爱弟的深意亦如此。此种亦庄亦禅的人生哲学，符合古代士大夫的普遍命运，亦能宽解古代士大夫的共同烦恼，所以流布广泛而久远。尾联是针对苏辙原诗"遥想独游佳味少，无言骓马但鸣嘶"而引发的对往事的追溯。回忆当年旅途艰辛，有珍惜现在勉励未来之意，因为人生的无常，更显人生的可贵。艰难的往昔，化为温情的回忆，而如今兄弟俩都中了进士，前途光明，更要珍重如今的每一时、每一事了。

思考寄语

这首诗表达对人生来去无定的怅惘和往事旧迹的深情眷念，又充满乐观向上的精神，从中可以看出诗人先前的积极人生态度，以及后来处在颠沛之中的乐观精神的底蕴。我们在诵读时可细细品味领悟。

方圆相宜 行稳致远

18 小窗幽记·二则

卷四　灵（节选）

我争者，人必争，虽极力争之，未必得；我让者，人必让，虽极力让之，未必失。

卷五　素（节选）

宠辱不惊，闲看庭前花开花落；去留无意，漫随天外云卷云舒。

知人论世

《小窗幽记》为陈继儒集编的修身处世格言。陈继儒（1558—1639），字仲醇，号眉公、麋公，松江府华亭（今上海市松江区）人。明朝文学家、画家。诸生出身，二十九岁开始，隐居在小昆山，后居东佘山，关门著述，工诗善文，书法学习苏轼和米芾，兼能绘事，屡次皇诏征用，皆以疾辞。擅长墨梅、山水，画梅多册页小幅，自然随意，意态萧疏。论画倡导文人画，持南北宗论，重视画家修养，赞同书画同源，有《梅花册》《云山卷》等传世。著有《陈眉公全集》《小窗幽记》《吴葛将军墓碑》《妮古录》。

阅读鉴赏

译文：我争夺的东西，别人肯定也争夺，因此虽然极力争夺，也未必能得到；我谦让的东西，别人也必会谦让，虽然极力谦让，也不一定会失去。

宠幸或者侮辱都不能令心有所惊动，悠闲地欣赏庭前花开花落；去或留都不在意，只是随着天上的白云或卷或舒。

卷四标题为"灵"。天、地、人这三灵，各有其展现灵性的方法。人在天地之间，阅尽其妙，享尽其福，尝尽其万般滋味，即使山川无言，即使天光沉默，而草木生生不息，春风秋雨犹自沐人。人对生命，对自然都应心存感恩，感念天地灵气带给我们的无尽风光，感念一路走来，我们经历的酸甜苦辣。

卷五标题为"素"。"素"是指素心、素性、素雅、素洁。这既包括对外在环境的追求，也包括对内在心灵的要求，是在涤除了世俗的种种热念之后，体会到内心的单纯朴素之时才能得到。

《小窗幽记》分为十二卷：醒、情、峭、灵、素、景、韵、奇、绮、豪、法、倩。主要讲述安身立命的处世之道。

思考寄语

在竞争激烈的社会中，你争我夺仿佛成为很平常的事。大家都去争夺时，谦让未必一定会失去，也未必是一件坏事。心境淡然地去看待世事，以平和的心情去看待得失，活在当下，活得幸福，才是最重要的事。

方圆相宜　行稳致远

19　有的人

——纪念鲁迅先生有感

诵读主体

有的人活着，
他已经死了；
有的人死了，
他还活着。

有的人
骑在人民头上："啊，我多伟大！"
有的人
俯下身子给人民当牛马。

有的人
把名字刻入石头，想"不朽"；
有的人
情愿作野草，等着地下的火烧。

有的人
他活着别人就不能活；
有的人
他活着为了多数人更好地活。

骑在人民头上的
人民把他摔垮；
给人民作牛马的
人民永远记住他！

把名字刻入石头的
名字比尸首烂得更早；
只要春风吹到的地方
到处是青青的野草。

他活着别人就不能活的人，
他的下场可以看到；
他活着为了多数人更好地活着的人，
群众把他抬举得很高，很高。

知人论世

臧克家（1905—2004），山东诸城人；杰出诗人，著名作家、编辑家，忠诚的

诵读，伴思想航船远行（第一册）

爱国主义者,曾任《诗刊》主编。代表作有《老马》《有的人》《罪恶的黑手》《难民》等。

这首诗写于1949年11月1日。1949年10月19日是鲁迅先生逝世十三周年纪念日,这首诗就是诗人为了纪念鲁迅先生逝世十三周年而作,因此副标题是"纪念鲁迅先生有感"。

整首诗歌可以分成三个部分:第一部分为第一节,第二、第三、第四节为第二部分,第五、第六、第七节是第三部分。作者开门见山地提出了两种对立的人,批判了那些骑在人民头上的统治者和压迫着,歌颂了像鲁迅先生一样为人民无私奉献的人。从两种对人民不同态度的人中,抒发了作者对鲁迅先生深厚的怀念之情,歌颂了鲁迅先生为人民无私奉献的宝贵精神,呼吁广大人民,做对社会有贡献的人,做真正有价值的人。

思考寄语

司马迁说:"人固有一死,或重于泰山,或轻于鸿毛。"鲁迅先生一生正直、忧国忧民、为人民服务、为他人着想,是我们当代青年学习的榜样!

方圆相宜 行稳致远

20 成功的花

成功的花，
人们只惊羡她现时的明艳！
然而当初她的芽儿，
浸透了奋斗的泪泉，
洒遍了牺牲的血雨。

知人论世

冰心（1900—1999），原名谢婉莹，福建长乐人，中国民主促进会（民进）成员。中国诗人，现代作家，翻译家，儿童文学作家，社会活动家，散文家。笔名冰心取自"一片冰心在玉壶"。

1919年8月的《晨报》上，冰心发表了第一篇散文《二十一日听审的感想》和第一篇小说《两个家庭》。1923年出国留学前后，开始陆续发表总名为《寄小读者》的通讯散文，成为中国儿童文学的奠基之作。1946年在日本被东京大学聘为第一位外籍女教授，讲授"中国新文学"课程，于1951年返回中国。1999年2月28日21时12分冰心在北京医院去世，享年99岁。

阅读鉴赏

漂亮的花，人们都只是惊叹、羡慕它开花时的美丽，并没有意识到它还在芽儿的时候，经历了多少艰苦的奋斗和巨大的牺牲。这首诗告诉我们现实生活中，人们往往只看到辉煌的结果，而忽视了辉煌结果后面所隐含的艰辛过程；好多人也只想得到辉煌的结果而不愿付出艰辛的劳动。都说台上一分钟，台下十年功；

不经历风雨，怎么见彩虹。要想取得辉煌的成就，必须付出比常人更多更辛苦的努力和劳动。我们不要只是羡慕别人的成绩或荣誉，而应该多了解别人的付出和艰辛。如果我们能注重过程，在自己的岗位上尽职尽责，做好分内的每一件事，我们也能取得很好的成绩，成为别人羡慕的对象。

思考寄语

> 不要只看到并惊美于别人成功所得到的荣誉，而要了解在这成功的背后所蕴含的艰苦努力，要学习花的奋斗和牺牲精神，从它的成功中吸取成长的经验，这才是最重要的。花的成功如此，人的事业的成功、人的成长发展，不也是如此吗？

方圆相宜 行稳致远

21 银 杏

诵读主体

　　银杏，我思念你，我不知道你为什么又叫公孙树。但一般人叫你是白果，那是容易理解的。

　　我知道，你的特征并不专在乎你有这和杏相仿佛的果实，核皮是纯白如银，核仁是富于营养——这不用说已经就足以为你的特征了。

　　但一般人并不知道你是有花植物中最古老的先进，你的花粉和胚珠具有着动物般的性态，你是完全由人力保存下来的奇珍。

　　自然界中已经是不能有你的存在了，但你依然挺立着，在太空中高唱着人间胜利的凯歌。

　　你这东方的圣者，你这中国人文的有生命的纪念塔，你是只有在中国才有呀，一般人似乎也并不知道。

我到过日本，日本也有你，但你分明是日本的华侨，你侨居在日本大约已有中国的文化侨居在日本那样久远了吧。

你是真应该称为中国的国树的呀，我是喜欢你，我特别的喜欢你。

但也并不是因为你是中国的特产，我才特别的喜欢，是因为你美，你真，你善。

你的株干是多么的端直，你的枝条是多么的蓬勃，你那折扇形的叶片是多么的青翠，多么的莹洁，多么的精巧呀！

在暑天你为多少的庙宇戴上了巍峨的云冠，你也为多少的劳苦人撑出了清凉的华盖。

梧桐虽有你的端直而没有你的坚牢；

白杨虽有你的葱茏而没有你的庄重。

熏风会媚抚你，群鸟时来为你欢歌；上帝百神——假如是有上帝百神，我相信每当皓月流空，他们会在你脚下来聚会。

秋天到来，蝴蝶已经死了的时候，你的碧叶要翻成金黄，而且又会飞出满园的蝴蝶。

你不是一位巧妙的魔术师吗？但你丝毫也没有令人掩鼻的那种的江湖气息。

当你那解脱了一切，你那槎丫的枝干挺撑在太空中的时候，你对于寒风霜雪毫不避易。

那是多么的嶙峋而洒脱呀，恐怕自有佛法以来再也不会产生过像你这样的高僧。

你没有丝毫依阿取容的姿态，但你也并不荒伧；你的美德像音乐一样洋溢八荒，但你也并不骄傲；你的名讳似乎就是"超然"，你超在乎一切的草木之上，你超在乎一切之上，但你并不隐遁。

你的果实不是可以滋养人，你的木质不是坚实的器材，就是你的落叶不也是绝好的引火的燃料吗？

可是我真有点奇怪了：奇怪的是中国人似乎大家都忘记了你，而且忘记得很久远，似乎是从古以来。

我在中国的经典中找不出你的名字，我很少看到中国的诗人咏赞你的诗。也很少看到中国的画家描写你的画。

这究竟是怎么一回事呀，你是随中国文化以俱来的亘古的证人，你不也是以为奇怪吗？

银杏，中国人是忘记了你呀，大家虽然都在吃你的白果，都喜欢吃你的白果，但的确是忘记了你呀。

世间上也尽有不辨菽麦的人，但把你忘记得这样普遍，这样久远的例子，从来也不曾有过。

真的啦，陪都不是首善之区吗？但我就很少看见你的影子，为什么遍街都是洋槐，满园都是幽加里树呢？

我是怎样的思念你呀，银杏！我可希望你不要把中国忘记吧。

这事情是有点危险的，我怕你一不高兴，会从中国的地面上隐遁下去。

在中国的领空中会永远听不着你赞美生命的欢歌。

银杏，我真希望呀，希望中国人单为能更多吃你的白果，总有能更加爱慕你的一天。

知人论世

郭沫若（1892—1978），原名开贞，字鼎堂，号尚武，是中国新诗的奠基人之一；中国历史剧的开创者之一；古文字学家；考古学家；社会活动家；第一届中央研究院院士。一生主要文学著作有：诗集《女神》《星空》《瓶》《前茅》等；散文《我的幼年》《反正前后》《创造十年》等；戏剧《三个叛逆的女性》《屈原》《棠棣之花》《高渐离》《蔡文姬》《武则天》等；另有《沫若诗词选》及翻译歌德的《浮士德》等。1952年4月9日郭沫若获得"加强国际和平"斯大林国际奖。

阅读鉴赏

这篇散文写于1942年的陪都重庆。其时，抗日战争正处于最艰难的阶段，国民党继续实行法西斯专政，扼杀抗日进步力量，破坏民主和团结，由郭沫若主持的政治部第三厅，也遭到了国民党反动派的无理解散。郭沫若没有屈服，仍坚持进行斗争。他写下大量的剧本、政论和散文，抨击了国民党的黑暗统治，为宣传抗日救亡，宣传革命真理，大声疾呼！《银杏》就是在这样的背景下写的。

《银杏》是一篇托物寄情、咏物寓志的散文。它寄寓了作者对伟大的中华民族和英雄的中国人民品质的热情赞颂。在郭沫若先生的笔下，银杏这种美丽的树是中国以及中国人的代表。作者赞美它古老、美、真、善，旨在歌颂我们伟大的祖国历史悠久、美丽、真诚与善良。而银杏的蓬勃、端直、挺立、坚牢、庄重、嶙峋、洒脱，也正是作为每一个中国人应有的正直、坚强与不屈精神的写照。

享有"植物活化石"的银杏树不仅是中国独有的树种,更有意义的是它是第四纪冰川运动所遗留下来的最古老的裸子植物,与它同时代的恐龙早已绝迹,而它还繁茂地生活在如今的大地上,这象征着中华民族的古老历史,灿烂文化和前赴后继的民族精神。在新的时代,每一位中国人都要继续发扬这种民族精神,为实现中华民族伟大复兴的中国梦作出自己应有的贡献。

22 信 条

诵读·伴思想航船远行(第一册)

诵读主体

下边是我的信条:

我真正需要知道的一切,即怎样生活,怎样做事和怎样为人,我在幼儿园就学过。智慧并不在高等学府的大山顶上,倒是出自主日学校里孩子们玩的沙堆中。下边就是我学到的东西。

有东西大家分享。

公平游戏。

不打人。

交还你捡到的东西。

收拾好你自己的一摊子。

不要拿不属于你的东西。

惹了别人你就说声对不起。

吃东西之前要洗手。

便后冲洗。

热甜饼和冷牛奶对你有好处。

过一种平衡的生活——学一些东西，想一些东西，逗逗乐，画画画儿，唱唱歌儿，跳跳舞，玩玩游戏，外加每天干点活。

每天睡个午觉。

当你们出门，到世界上去走走，要注意来往车辆，手拉手，紧挨一起。

要承认奇迹。别忘了聚苯乙烯②培养皿里的那粒小不点的种子：它的根往下生，茎叶往上长，没有人真正知道这是怎么回事或者为什么，而我们大家也都差不多是这么回事。

在那杯皿里的金鱼、老鼠、小白鼠甚或那粒种子，它们都会死去。我们也会。

再就是记住迪克们和琼们③的识字课本，以及你从那上面学到的头一个字——也是最重要的一个字——一个大大的"看"字。

你需要知道的任何东西都在上边那些条条里。金规矩④、爱和起码的卫生。生态学、政治学、平等观念以及健康的人生状态。

拿上边的任何一条，推衍到老练、通达的成年期中，实践于你的家庭生活，或者你的工作，或者你的社区，或者你的生活圈子，都行。它贴近真实，清晰明了并且坚实可靠。想想这样一个世界，它将许愿给我们大家——整个的世界——每天下午三点钟都有小甜饼和牛奶，然后盖上我们的毯子睡一觉；或者，要是所有的政府都奉行这么个基本政策，交还它们捡到的东西和收拾好它们自己的一摊子。

这仍然是个忠告，不论你们年纪多大——当你们出门，到世界上去走走，最好还是手拉手，紧挨一起。

注：①〔主日学校〕教会办的只在星期日授课的儿童学校，以教授宗教内容为主。②〔聚苯乙烯〕一种树脂材料。③〔迪克们和琼们〕意思是孩子们。迪克和琼为英美国家男孩和女孩常用的名字。④〔金规矩〕语出《圣经》。其内容是要求人们像希望别人对待自己那样去对待他人。

知人论世

罗伯特·富尔格姆，美国当代作家、哲学家，代表作品《我需要知道的一切》《我一躺倒，身下就起火》。他当过干活的牛仔、民歌手、IBM公司推销员、专业画家、教区牧师、酒吧调酒师、绘画教师。当有人问他，是干什么的，罗伯特·富尔格姆通常都回答说他是个哲学家，然后又解释说，他喜欢干的事，是想些平常琐事，再把他所想到的表达出来，通过写作，或者聊天，或者涂涂画画，随便哪种看来合适的方式都行。

阅读鉴赏

　　罗伯特·富尔格姆在《信条》中全面而周详地记录了人们社会生活乃至社会管理的准则。提供给我们在工作、学习、生活等方面的一些启发以及应当遵循的原则。"信条"，是富尔格姆的人生准则，也是他的理想；是人人的人生准则，也是社会的准则。故题目只用"信条"二字。

思考寄语

　　世界上最难的事情，就是用最简单的语言阐述最复杂的道理。如今的我们，生活在一个纷繁复杂的世界，应该怎样生活、怎样做事、怎样为人，越来越没有固定的衡量标准，《信条》中的准则或许可以给我们该如何做一个身心健康的人一点启示。

诵读，伴思想航船远行（第一册）

致福成义
礼达四方

1 示 儿

死去元知万事空，但悲不见九州同。
王师北定中原日，家祭无忘告乃翁。

知人论世

　　陆游（1125—1210），宋代爱国诗人、词人，字务观，号放翁，越州山阴（今浙江绍兴）人。陆游生逢北宋灭亡之际，少时深受家庭爱国思想的熏陶。宋高宗时，参加礼部考试，受宰臣秦桧排斥而仕途不畅。宋孝宗即位后，赐进士出身，曾任镇江、隆兴通判等。因坚持抗金，屡遭主和派排斥。主持编修孝宗、光宗《两朝实录》和《三朝史》。陆游一生笔耕不辍，诗词文皆具很高成就。其诗语言平易晓畅、章法整饬谨严，兼具李白的雄奇奔放与杜甫的沉郁悲凉，因饱含爱国激情对后世影响深远。词与散文成就亦高，宋人刘克庄谓其词"激昂慷慨者，稼轩不能过"。有《剑南诗稿》《渭南文集》《南唐书》《老学庵笔记》《放翁词》《渭南词》等。书法遒劲奔放，存世墨迹有《苦寒帖》等。

阅读鉴赏

　　陆游一生致力于抗金斗争，希望能够收复中原。虽然屡遭挫折，却至死也不改变初衷。

　　首句"死去元知万事空"，诗人知道自己即将离开人世，什么都没有了，万事皆空，了无牵挂。虽悲哀凄凉，但更多的是生无所恋、死无所畏的生死观，洒脱至极。但稀松平常的一句话，与下句"但悲"连起来，就有了更多的情感韵味。

"元""空"二字强劲有力,反衬出诗人那种"不见九州同"则死不瞑目的心情。

第二句"但悲不见九州同"描写了诗人的悲怆心境。诗人向儿子们交代他至死也无法排除的极大的悲痛心境,那就是没有亲眼看到祖国的统一。诗人临终前悲怆的不是个人生死,而是祖国的统一,实在是心有不甘,因为"不见九州同"。"悲"字深刻反映了诗人内心的悲哀、遗憾之情。

第三句"王师北定中原日",诗人以热切期望的语气表达了渴望收复失地的信念。表明诗人虽然沉痛,但并未绝望。诗人坚信总有一天宋朝的军队必定能平定中原,收复失地。有了这一句,诗的情调便由悲痛转化为激昂。

最后一句"家祭无忘告乃翁",情绪又一转,无奈自己已经看不到祖国统一的那一天,只好把希望寄托于后代子孙,深情地嘱咐儿子,在家祭时千万不要忘记把"北定中原"的喜讯告诉自己。此句既表达了诗人的必胜信念、悲壮心愿,又体现了诗人虽年迈体衰但心中依然充满爱国之情、报国之志。

此诗用笔曲折,行文多变,情真意切地表达了诗人临终时复杂的思想情绪和忧国忧民的爱国情怀,既有对抗金大业未就的无穷遗恨,也有对神圣事业必成的坚定信念。语言浑然天成,真情自然流露,不事雕琢,但比着意雕琢的诗歌更能打动人。

致福成义 礼达四方

思考寄语

《示儿》是陆游的绝笔诗,题目"示儿",相当于遗嘱。虽只有短短的四句话、二十八个字,但"悲壮沉痛""可泣鬼神",其真挚执着的爱国热忱催人泪下,至死不渝的爱国精神光照千秋!

2 炉中煤

啊，我年青的女郎！
我不辜负你的殷勤，
你也不要辜负了我的思量。
我为我心爱的人儿
燃到了这般模样！

啊，我年青的女郎！
你该知道了我的前身？
你该不嫌我黑奴卤莽？
要我这黑奴底胸中，
才有火一样的心肠。

啊，我年青的女郎！
我想我的前身
原本是有用的栋梁，
我活埋在地底多年，
到今朝才得重见天光。

啊，我年青的女郎！
我自从重见天光，
我常常思念我的故乡，
我为我心爱的人儿
燃到了这般模样！

知人论世

郭沫若（1892—1978），本名郭开贞，字鼎堂，号尚武，乳名文豹，笔名除郭沫若外，还有麦克昂、郭鼎堂、石沱、高汝鸿、羊易之等，中国现代作家、历史学家、考古学家。

早年赴日本留学。后与成仿吾、郁达夫等组织"创造社"，积极从事新文学运动。著述颇丰，诗与历史剧的创作成就最大。主要有诗集《女神》《星空》等，历史剧《屈原》《王昭君》《蔡文姬》等。

阅读鉴赏

《炉中煤》作于1920年，当时诗人虽远在日本，却时刻关注着祖国的变化。国内汹涌澎湃的"五四运动"浪潮同样也冲击着他，用他自己的话说，"'五四'以后的中国，在我的心目中……就和我的爱人一样"。"《炉中煤》便是我对于他的恋歌。"这首诗采用拟人手法，以"炉中煤"的口吻向"心爱的人儿"倾诉衷肠，抒发了对祖国的强烈热爱之情，表达了急于为祖国献身的愿望。

第一节，开篇呼告，"啊，我年青的女郎"，诗人把具有几千年古老历史的祖国喻为"年青的女郎"，正是对落后旧中国的否定，对新生祖国的赞美。诗人以"我不辜负你的殷勤，你也不要辜负了我的思量"，既表达了自己报国济民的情意，又寄托了对新生祖国发展壮大的期望。

第二、第三节中，诗人以煤自喻，"黑奴""卤莽"，不只表明自己身份、地位低下，还寄寓着对被压迫、被奴役的下层人民的同情。"我想我的前身，原本是有用的栋梁，我活埋在地底多年，到今朝才得重见天光"等诗句，表露的是诗人对民族遭难、百姓受苦的愤愤不平，是个人理想屡受磨难的苦闷和压抑。而"重见天光"既是诗人对祖国发展的希冀，也是诗人因祖国新生而急于"报国济民"心情的体现。

第四节，诗人看到了光明和希望，归国思乡之情更为强烈，通过对首节第四、第五句的重复，进一步抒发自己急于报效祖国的决心和热情。首节末节两个"燃"，含义已有不同。前一个"燃"，是诗人在黑暗的长夜中摸索探寻；后一个"燃"，则强调了诗人重见天光后的奋斗搏击。在乐观、自信、高昂的精神状态中，诗歌情感达到了高潮。

这首诗构思自然新颖。诗人运用浪漫主义的独特想象，以煤自况，寄寓着诗人以身许国、积极进取的爱国情怀，表现了"五四"后知识分子的自我觉醒，是诗人与时代精神的统一。把祖国比作"女郎"，汲取了我国传统诗歌的精华，借鉴了屈原《离骚》中美人香草之喻,使全诗意境甘美浓郁,以表达深深的眷念之情。

　　从格式、韵律看,全诗每节五行,每行音节大体均齐;一、三、五行押韵,一韵到底;各节均以"啊,我年青的女郎"这一亲切温柔而又深情的呼唤起唱,创造循环往复的旋律美。诗情随诗律跌宕起伏,韵味深长。

思考寄语

　　在思乡爱国的诗作中,《炉中煤》不是第一篇,也不是最后一篇,但它用情歌恋曲的方式来表达眷恋祖国的情感,颇具现代感。愿我们在诗人爱国激情的指引下,以梦为马,不负韶华,肩扛家国责任,勇挑人生重担!

3 为了谁

诵读主体

　　泥巴裹满裤腿,汗水湿透衣背。
　　我不知道你是谁,我却知道你为了谁。
　　为了谁,为了秋的收获,为了春回大雁归。
　　满腔热血唱出青春无悔,望穿天涯不知战友何时回。
　　你是谁,为了谁,我的战友你何时回。
　　你是谁,为了谁,我的兄弟姐妹不流泪。
　　谁最美,谁最累,我的乡亲,
　　我的战友,我的兄弟姐妹。

知人论世

《为了谁》是祖海演唱的歌曲，由邹友开作词，孟庆云作曲，收录在1999年8月祖海发行的同名专辑《为了谁》中。1999年10月，该曲获中宣部"五个一"工程奖。

阅读鉴赏

1998年，因连日普降暴雨，长江流域发生了自1954年以来的最大洪水。在抗洪救灾的伟大斗争中，人民子弟兵充分展示出了坚决听从党的指挥、视人民利益重高于一切的高度政治觉悟，指挥果断、反应迅速、战无不胜的过硬素质，英勇顽强、连续作战、不怕牺牲的战斗作风，令行禁止、秋毫无犯的严明组织纪律性，密切配合、官兵一致的团结协作精神，全面、快速、高效的保障能力。

歌曲《为了谁》创作于此背景下，是音乐工作者们为了纪念和歌颂在特大洪水中奋不顾身的英雄们而写的，希望以这种独特方式向救灾英雄表达发自内心的崇敬之情。歌词"我不知道你是谁，我却知道你为了谁"，打动了无数听众的心。

这首歌曲唱遍祖国大江南北，感动了无数华夏儿女。它真挚写实的歌词、悠扬大气的旋律，唱出了人民子弟兵在和平年代的奉献精神与使命意识，也唱出了全国人民对人民子弟兵的感激和军民团结的鱼水深情。

21年后的抗击新冠肺炎疫情的斗争中，广大医务工作者作为战斗在一线的白衣战士，同样被誉为"最可爱的人"。歌手祖海再次为抗疫英雄倾情唱响《为了谁》（抗疫版）。

思考寄语

《为了谁》深情讴歌了人民子弟兵英勇无畏、坚强不屈的崇高品质，赞扬了无名英雄不怕苦累、不怕牺牲的伟大精神。作为被保护者、受益人，年轻的我们应该继承和发扬他们的光荣传统，努力学习，回报人民、国家和社会。

4 治家格言（节选）

诵读主体

黎明即起。洒扫庭除，要内外整洁。既昏便息，关锁门户，必亲自检点。

一粥一饭，当思来处不易；半丝半缕，恒念物力维艰。

宜未雨而绸缪，毋临渴而掘井。

知人论世

《治家格言》，又名《朱子治家格言》或《朱子家训》，为明朝末年江苏昆山朱柏庐著。全文524字，以格言警句的形式凝结了中国几千年来代代相传的家庭教育精华，精辟阐明了修身治家之道。文字通俗易懂，内容简明赅备，对仗工整，朗朗上口。自问世以来，一直是家喻户晓、脍炙人口的治家家训，对教化人心、保留和传承中华美德产生了持久、广泛和深远的影响。

阅读鉴赏

每天黎明就要起床，先用水洒湿厅堂内外的地面，然后扫地，使厅堂内外整洁；到了黄昏就要准备休息，要亲自查看一下门户有没有关锁好，以确保家人的安全。

当我们喝一碗粥、吃一碗饭的时候，应当想到每一粒米都是农民千辛万苦种出来的，我们要珍惜他们的劳动成果，不可以随便浪费。在我们穿衣服的时候，看到半段丝、半缕线，我们也要常常感念到物资的生产过程是很艰难的，应当倍加珍惜。

凡事要有准备，还没下雨的时候，就要先把房子修补完善，也不要到了口渴的时候，才去挖井。

前三句话，通俗易懂，却给我们很多启发。第一，生活要有规律。古人讲"日出而作，日入而息"，这是自然规律，是我们伟大民族繁衍至今生生不息的生存之道。第二，要勤劳。"洒扫庭除"既整洁了环境，又锻炼了身体，还能愉悦自己的心情。第三，好的习惯即好的性格。我们每个人都是家庭的一分子，都要参与家庭劳作，晨起洒扫庭除、傍晚关锁门户，琐碎日常的生活小事，既有利于良好习惯的养成，也有助于培养严谨的生活态度。更何况，一屋不扫，何以扫天下？从小培养主人翁意识，增强对家庭的责任感，长大了才知道爱国爱天下苍生。

第四句话，强调要节俭，要懂得感恩。我们享用的一切都是千千万万的他人劳动的成果，绝不能随意糟蹋浪费。有人可能会觉得，钱是自己赚的，想怎么花就怎么花，浪不浪费自己说了算。如果这样想，那就格局太小了，我们浪费的是整个人类的资源，是地球资源。

第五句话强调要提前做好准备。"凡事预则立，不预则废"，做事情要有长远的规划，深谋才能远虑，这是做人做事的正确态度。

107

思考寄语

任何一个人的成长都离不开家庭言传身教的影响。晨起洒扫，临睡检点，勤俭节约，未雨绸缪，这些日常生活小事，父母每天叮咛、督促，这就是"治家格言"。所以，《治家格言》就是一本引领我们不断向上向善的启蒙读本。希望同学们能够做到：诵读《治家格言》，力求知行合一，外显为我们的行为习惯，内化为我们的品德修养。

致福成义 礼达四方

5 杨香扼虎救父

杨香，年十四，随父丰往田中获粟。父为虎曳去。时香手无寸铁，惟知有父，而不知有身。踊跃向前，持虎颈，虎磨牙而逝。父因得免于害。

知人论世

杨香，晋朝人。顺阳（今河南淅川县东南）人。杨丰之女。杨香是晋朝杨丰的女儿，她很小的时候，母亲去世，父亲含辛茹苦，把她拉扯成人。杨香是在苦难中长大的，心眼好，懂事早。她知道父亲抚养自己不容易，既当爹又当娘，吃了很多苦头。因此，她对父亲非常孝顺，可以说是关心备至，体贴入微。

杨香14岁这年，曾随同父亲杨丰去田里割小米，忽然蹿出一只大老虎，扑向杨丰，一口将他叼住。杨香急坏了，一心只想着父亲安危的她，完全忘了自己与老虎的力量悬殊。好个杨香，只见她猛地跳上前去，用力卡住老虎的头颈。任凭老虎怎么挣扎，她一双小手始终像一把钳子，紧紧掐住老虎的咽喉不放。老虎终因喉咙被卡，无法呼吸，瘫倒在地上，他们父女才得以幸免于难。杨香扼虎救父的行为一时间家喻户晓，成了人们心目中的英雄。

阅读鉴赏

这则故事让人喟叹不已。杨香的父亲被老虎叼去，摆在她面前的只有两条路：一条是不管父亲，自己拔腿逃命；另一条就是救父亲，必须与老虎搏斗。十四岁小女孩与老虎搏斗，可以说几乎没有生还的希望。父亲让杨香快逃，但是杨香没有逃跑，而是选择与老虎搏斗，并不可思议地将老虎掐死。正是孝心的体现，才能如此毫不畏惧。勇敢又孝顺的杨香感动了一代又一代人。

思考寄语

　　"百善孝为先"，孝顺父母是中华民族的传统美德。自2007年以来，由中央文明办、全国总工会、共青团中央、全国妇联共同主办的在历届全国道德模范评选表彰活动中，孝老爱亲道德模范的事迹一直感动着无数国人。21世纪的今天，我们同样应当弘扬和提倡现代社会的孝道教育。当代青少年是在一个社会急剧变化的环境中成长起来的，大多数青少年都是独生子女，长辈往往对孩子过分呵护，导致孩子自我意识增强，部分青少年以自我为中心，不懂得回报，不懂反哺父母之情。在生活中，我们要体贴父母，父母对我们付出的爱，我们也要用自己的爱回报父母。

6 绝 句

诵读主体

礼仪三百复三千，酬酢天机理必然。
寒即加衣饥即食，孰为末节孰为先。

知人论世

吕希哲（1036—1114）北宋教育家、官员，字原明，学者称荥阳先生。吕希哲年少时跟从焦千之、孙复、石介、胡瑗学习，又和程颢、程颐、张载交游，见闻从此更广。徽宗初年，被召为秘书少监，有人认为任职太高，改为光禄少卿。吕希哲竭力请求出朝任官，以直秘阁身份担任曹州知州。不久遭遇崇宁党祸，被夺去直秘阁职务改任相州知州，又改任邢州，最后被罢为宫祠。旅居在淮河、泗水之间，十多年后去世。吕希哲平易简朴节俭，有极好的品行，晚年名声更高，远近的人都像尊重老师一样尊重他。主张为学"不主一门，不私一说"，遂成为吕氏家学的基本特征。有《吕氏杂记》。

阅读鉴赏

译文：学习文明礼仪的人从几百人变成了几千人，这是顺应上天的安排呀。寒冷了就加衣服，饥饿了就吃饭，孰轻孰重大家自有判断。

《荀子·修身》中曾说："人无礼则不生，事无礼则不成，国家无礼则不宁。"文明礼仪是人类为维系社会正常生活而要求人们共同遵守的最起码的道德规范，它是人们在长期共同生活和相互交往中逐渐形成，并以风俗、习惯和传统等方式固定下来的。悠久的历史、博大精深的文化遗产，中国向世界展示了文明古国的风采。文明礼仪不仅是个人素质、教养的体现，也是个人道德和社会公德的体现，更是城市的素养、国家的脸面。用文明的行为举止，合理的礼仪来待人接客，这是弘扬民族文化、展示民族精神的重要途径；是在弘扬中华民族的传统美德。

思考寄语

礼仪能体现出一个人的文化蕴涵和道德修养。良好的礼仪习惯是个人外在素质的体现，容易赢得他人的尊重，更能让自己生活工作更顺利。作为新时代的青少年，我们应该主动学礼仪、知礼仪、行礼仪，养成讲文明、懂礼貌、有道德的良好品质和行为习惯。

诵读，伴思想航船远行（第一册）

7 列宁让路

诵读主体

有一次，列宁下楼，在楼梯狭窄的过道上，正碰见一个女工端着一盆水上楼。那女工一看是列宁，就要给列宁让路，准备自己退回去。列宁阻止她说："不必这样，你端着东西走了半截，而我现在空着手，请你先过去吧！"他把"请"字说得很响亮，很亲切。然后自己紧靠着墙，让女工上楼了，他才下楼。

知人论世

列宁是著名的马克思主义者，无产阶级革命家、政治家、理论家、思想家。是苏俄的主要缔造者、布尔什维克党的创始人、俄国十月革命的主要领导人、苏联人民委员会主席。

阅读鉴赏

列宁是一位伟人，他没有因自己地位的高贵而高傲无礼，他总是待人谦和有礼。他的礼貌，是他的人格魅力，是他的教养。教养是个人素质的体现，是个人品质的载体。礼貌待人是尊重别人的具体表现，文明礼貌展示着一个人的综合素质。讲究文明礼貌，不仅能够增强个人的人格魅力，增强与人交往的亲和力，还能够更多地获得他人的帮助。

致福成义 礼达四方

"言为心声，行为心表。"教养体现在日常生活中，一个微笑，一声谢谢，给人以和善与友好。讲文明礼仪是尊重对方的一种表现，更是对自我修养和素质的展现。

8 礼记·儒行（节选）

诵读主体

温良者，仁之本也；敬慎者，仁之地也；宽裕者，仁之作也；孙接者，仁之能也；礼节者，仁之貌也；言谈者，仁之文也；歌乐者，仁之和也；分散者，仁之施也。儒皆兼此而有之，犹且不敢言仁也。其尊让有如此者。

知人论世

《礼记》，儒家经典之一，亦称《小戴礼》或《小戴礼记》，相传为西汉戴圣编纂。为别于戴德的《大戴礼记》，故称《小戴礼》。

全书包括《曲礼》《檀弓》《王制》《月令》《礼运》《学记》《乐记》《中庸》《大学》等共二十卷四十九篇，除有关我国古代社会情况和各种礼节制度的记述外，还包括了孔子及其门人言行的一些小故事，有一定的思想意义，如流传很广的"苛政猛于虎"，就出自《礼记·檀弓》篇。它是中国古代一部重要的典章制度书籍，是战国至秦汉年间儒家学者解释说明经书《仪礼》的文章选集，是一部儒家思想的资料汇编。内容主要是记载和论述先秦的礼制、礼意,解释仪礼,记录孔子和弟子等的问答,记述修身做人的准则。实际上,这部九万字左右的著作内容广博,门类杂多,涉及政治、法律、道德、哲学、历史、祭祀、文艺、日常生活、历法、地理等诸多方面,包罗万象,集中体现了先秦儒家的政治、哲学和伦理思想,是研究先秦社会的重要资料。《礼记》的语言也简洁生动,具有一定的文学价值。

阅读鉴赏

　　孔子周游列国,欲推行其政治主张而不得,晚年回到鲁国。本篇大致为孔子自卫返鲁之初,应鲁哀公之问,而陈述儒者之为儒者十五个方面的品质或行为特征。"儒行"之篇名,据郑玄《三礼目录》说:"名曰'儒行'者,以其记有道德者所行也。儒之言优也,柔也,能安人,能服人。又儒者濡也,以先王之道能濡其身。"郑玄认为"儒"一词之本义就是以先王之道陶冶、教化自身与百姓。

　　本篇主要是通过鲁哀公与孔子的对话,记述儒者的行为和德行。《儒行》从各个方面描述了一个真正儒者的行为是什么样子的,无疑是中国古代知识分子的理想行为准则,是儒者的典范,也是对君子儒的最完整、最确切的诠释。

　　本篇以鲁哀公就儒服发问开始,大概当时人们普遍对儒者有一种偏见,所谓"今众人之命儒也妄",甚至"常以儒相诟病",所以,孔子在此为了澄清人们对儒者的这种偏见,从正面阐述了儒者之为儒者不在于儒服这些外在特征,而在于儒者自身的品行。文章提出儒者具有十五个方面的优秀品质,即自立、容貌、备预、近人、特立、刚毅、仕、忧思、宽裕、举贤援能、任举、特立独行、规为、交友、尊让。而在这些德行中,"仁"是统领一切的主脑,其他都可看作对"仁"的不同诠释和实践。

　　节选文字是孔子对儒家核心思想——"仁"所进行的详尽阐释,其大意为:温厚善良是仁的根本,恭敬谨慎是仁的落脚点,胸襟广阔是仁的发扬,谦逊待人是仁的能力,礼节是仁的外表,言谈是仁的文采,唱歌伎乐是仁的和谐,有福同享是仁的施行。儒者具备了上述的种种美德,尚且不敢说自己合乎仁。儒者对谦让的尊崇就如同这个样子。

　　孔子这里所说的儒行,体现了一种友爱精神,这种人与人之间的温柔贤良、恭敬谨慎、宽厚包容、谦逊待人,都体现了儒者显著的个性特色,而这些都是一个正常社会的人应该切实实行的。

　　总之,儒者要具有"不陨获于贫贱,不充诎于富贵,不慁君王,不累长上,不闵有司"的品质。在上述这些品质中,有许多看上去是相互矛盾的,但儒者能够在自己的言语和行动中将它们完美地结合起来，这就是儒家主张的"中道"或"中庸"。因此，这种将诸多品质完美地集合于一身，一方面是儒者所追求的目标，另一方面也是身处几千年文化传统中的现代读书人所应该细心体会与学习的地方。

《儒行》篇集中记载儒者的德行，被称为儒者的立身准则和处世圭臬，在今天看来也不无启示。它是孔子对儒者所具备的品行的简明概括，同时也可以看作儒家学派对人生意义的理解和对人生价值的追求，具有积极的社会意义，对于当今社会来说，也是一种极为宝贵的精神财富，对人们的言行起到了极为重要的规范作用。它所昭示的儒者之行，对于我们今天弘扬民族美德，砥砺民族精神仍然具有积极意义。

思考寄语

真正的儒家在历史上是最有责任感，最敢担当的人，国家民族危难时，真儒士总是挺身而出，奉献牺牲。如今特别需要知识分子有精神、有信仰、有气节。中学生学习《儒行》篇对我们认识和传承中华优秀文化，振奋民族精神，抵御社会不良风气，大有益处。

9 过故人庄

故人具鸡黍，邀我至田家。
绿树村边合，青山郭外斜。
开轩面场圃，把酒话桑麻。
待到重阳日，还来就菊花。

知人论世

孟浩然（689—740），襄州襄阳（今湖北）人，字浩然，唐代著名的山水田园派诗人，世称"孟襄阳"，以写田园山水诗为主，与另一位山水田园诗人王维合称为"王孟"。因他未曾入仕，又称之为"孟山人"。襄阳南门外背山临江之涧南园有他的故居。曾隐居鹿门山。

孟浩然诗歌绝大部分为五言律诗，多写山水田园和隐逸、行旅等内容。虽不无愤世嫉俗之作，但更多属于诗人的自我表现。他和王维并称"王孟"，其诗虽不如王诗境界广阔，但在艺术上有独特造诣，而且是继陶渊明、谢灵运、谢朓之后，开盛唐田园山水诗派之先声。如《秋登万山寄张五》《夏日南亭怀辛大》《过故人庄》《春晓》《夜归鹿门歌》等，浑然天成而意境清迥、韵致流溢。今有《孟浩然诗集》三卷传世，《全唐诗》编其诗二卷。

阅读鉴赏

老朋友备好丰盛的饭菜，邀请我到他的田舍做客。
翠绿的树林围绕着村落，苍青的山峦在城外横卧。

115

致福成义 礼达四方

推开窗户面对谷场菜园,手举酒杯闲谈庄稼长势。

等到九九重阳节到来时,我还要来这里观赏菊花。

这首诗是作者到一位山村友人家做客时所写。首联写诗人应邀赴约,遣词造句毫无渲染,简简单单,随随便便。没有虚情假意的推托拒绝,没有冠冕堂皇的繁文缛节,没有铺排挥霍的热闹场面,取而代之的是田家鸡黍的盛情款待,故友之间的坦诚相待和绿树青山的自然亲近。这种有邀即至的描写渲染了一种轻松自如、无拘无束的交流氛围,也表现了主客之间情深义重、心心相印的深厚情谊。

领联是描写山村风光的名句,绿树环绕,青山横斜,给人一种清新愉悦、开阔明朗的感受。诗人对优美宁静的环境的描写,流露出情不自禁的欣赏和爱慕之情,也暗示着主人性情的高雅脱俗。

颈联写田园情趣。两位故友临窗举杯,畅谈农事,情投意合,其乐融融,显得亲切自然而富有生活气息。

尾联写诗人辞别友人。诗人为田园风光和农家生活所吸引,酒足饭饱之后意犹未尽,所以在临走时向故人直率表达了重阳节再次造访的愿望。故人相待的热情,客人的愉悦满意,主客之间的亲切融洽,都跃然纸上。

思考寄语

简单的几笔勾勒,描绘出一派清新自然的田园风光,平实质朴的文字,记叙了朋友之间一次平常的宴请。朋友之间的真诚情谊在举手投足间,在把酒言欢中,尽显无遗。为人处世,待人接物,应像诗人和他的朋友一样友爱坦诚、宽容礼让。

10 木 瓜

投我以木瓜①，报之以琼琚②。匪③报也，永以为好也！

投我以木桃④，报之以琼瑶。匪报也，永以为好也！

投我以木李⑤，报之以琼玖。匪报也，永以为好也！

注释

① 木瓜：一种落叶灌木（或小乔木），蔷薇科，果实长椭圆形，色黄而香，蒸煮或蜜渍后供食用。古代有用瓜果之类为男女定情的信物的风俗。

② 琼琚（jū）：美玉，下"琼瑶""琼玖"同。

③ 匪：通"非"。

④ 木桃：果名，即楂子，比木瓜小。

⑤ 木李：果名，又名木梨。与木瓜相似，比木瓜大，色黄。

117

致福成义 礼达四方

知人论世

这首诗选自《诗经·卫风》。《诗经》是中国最早的一部诗歌总集，共305首，故又称"诗三百"。《诗经》的作者佚名，绝大部分已经无法考证，传为尹吉甫采集、孔子编订，西汉时被尊为儒家经典，始称《诗经》，并沿用至今。

诗经在内容上分为《风》《雅》《颂》三个部分。《风》是周代各地的歌谣；《雅》是周人的正声雅乐，又分《小雅》和《大雅》；《颂》是周王庭和贵族宗庙祭祀的乐歌，又分为《周颂》《鲁颂》《商颂》。《诗经》立足于社会现实生活，开创了诗歌现实主义风格之河，对后世的影响极其深远。

你将木瓜投赠我，我拿琼琚作回报。不是为了答谢你，是求永相好哇！

你将木桃投赠我，我拿琼瑶作回报。不是为了答谢你，是求永相好哇！

你将木李投赠我，我拿琼玖作回报。不是为了答谢你，是求永相好哇！

本诗从字面来看写的是两个人之间礼物的相互赠送，而实质上是表示相互间的感情，是写一个男子与钟爱的女子互赠信物以定同心之约。

"投我以木瓜，报之以琼琚。匪报也，永以为好也。"你赠送给我的是木瓜果子，我回赠给你的是"琼琚"，回报的东西价值要比受赠的东昂贵得多，这体现了人类的那种高尚情感，这种情感包括爱情，也包括亲情、友情。这种情感注重的是考虑对方的心理，力求使对方心里获得平衡与满足，以求彼此间心心相印，因而回赠的东西及其价值的高低在此看重的是它的象征意义，表达的是对他人对自己的情意的珍视，是爱慕之情的表露，所以说"匪报也，永以为好也"。

后边的诗句作者采用了与第一节完全相同的句式和格式，只有男女之间互赠的信物有所变化。你送我"木桃"，我便回送你"琼瑶"；你送我"木李"，我便回送你"琼玖"。从形式上看只不过是第一节的反复出现，而从表达的程度上看则表现出情感在一步一步加深。特别是从表现艺术手法上看，这正是诗经的一大特点，重章叠句的形式，一唱三叹的咏唱，可谓余音袅袅，绕梁三日而不绝。

《诗经·大雅·抑》有"投我以桃，报之以李"之句，后世"投桃报李"便成了成语，比喻相互赠答，礼尚往来。比较起来，《卫风·木瓜》这一篇虽然也有从"投之以木瓜（桃、李），报之以琼琚（瑶、玖）"生发出的成语"投木报琼"，但"投木报琼"的使用频率却无法与"投桃报李"相提并论。可是论传诵程度还是《木瓜》更高，它是现今传诵最广的《诗经》名篇之一。

11 六尺巷

诵读主体

张文端公居宅旁有隙地，与吴氏邻，吴氏越用之。家人驰书于都，公批诗于后寄归，云："一纸书来只为墙，让他三尺又何妨。长城万里今犹在，不见当年秦始皇。"家人得书，遂撤让三尺，吴氏感其义，亦退让三尺，故六尺巷遂以为名焉。

知人论世

本文节选自《旧闻随笔》，作者姚永朴（1861—1939），字仲实，晚号蜕私老人，安徽桐城人。清末民初教育家，桐城派末期著名作家。出身书香官宦世家，姚鼐为其先辈。毕生潜心经学，致力教育，著有《群经考略》《小学广》《十三经述要》《文学研究法》《史学研究法》《历朝经世文钞》《旧闻随笔》等。

六尺巷，位于安徽省桐城市的西南一隅，全长100米、宽2米，均有鹅卵石铺就，建成于清朝康熙年间，巷道两端立石牌坊，牌坊上刻着"礼让"二字，是中国安徽省桐城的一处历史名胜。

阅读鉴赏

张文端老家旁有空地，与吴氏人家是邻居，吴家人建墙时越过了张文端家的土地。张文端家人就写了一封加急信寄到了京城，张文端看后在信中附了一诗寄回，诗曰："一纸书来只为墙，让他三尺又何妨。长城万里今犹在，不见当年秦始皇。"家人看了书信后，就退让了三尺。吴家被他们的义举感动了，也让出三尺，这就是六尺巷得名的原因。

这里的张文端公即是清代大学士桐城人张英（清代名臣张廷玉的父亲）。张英的宽容旷达让六尺巷的故事被广泛传颂，至今依然带给人不尽的思索与启示。

礼让作为一种美德，又称谦让、敬让，无论是在家庭内部还是邻里、同事、社会成员之间，自古以来一直受中国人民的推崇与称赞。早在《周易》的《谦》卦中，就有"谦谦君子"的爻辞（《谦·初六》），意思是说，人只有谦让了再谦让，才是君子风度，并认为"鸣谦"（明智的谦让）、"劳谦"（勤劳而谦让）者最终都会吉利。孔子的为人是"温良恭俭让"，所以他对子路的"其言不让"才会"哂之"（《论语·先进》）。《礼记·曲礼上》亦云："君子恭敬撙节，退让而明礼。"又云："夫礼者，自卑而尊人。虽负贩者，必有尊也，而况富贵乎？"而所谓"恭敬撙节"与"自卑而尊人"，也就是礼让他人之义。这种礼让，表面看来是降低了自我，甚至失去了一些物质利益，而实际上却维护了家庭、社会的和谐与团结，对中华民族凝聚力的形成及国家与社会的发展，都产生了深远的影响。

思考寄语

人与人相处，要多一分谦让，多一分宽容！在矛盾面前，只要心胸宽阔，很多干戈都能化为玉帛，就能出现和谐局面。俗语说："吃亏就是占便宜，占便宜就是吃亏。"因此，为人应该多忍让，"忍一时风平浪静，退一步海阔天空"。

12 将相和

　　既罢归国，以相如功大，拜为上卿，位在廉颇之右。廉颇曰："我为赵将，有攻城野战之大功，而蔺相如徒以口舌为劳，而位居我上，且相如素贱人，吾羞，不忍为之下。"宣言曰："我见相如，必辱之。"相如闻，不肯与会。相如每朝时，常称病，不欲与廉颇争列。已而相如出，望见廉颇，相如引车避匿。于是舍人相与谏曰："臣所以去亲戚而事君者，徒慕君之高义也。今君与廉颇同列，廉君宣恶言而君畏匿之，恐惧殊甚，且庸人尚羞之，况于将相乎！臣等不肖，请辞去。"蔺相如固止之，曰："公之视廉将军孰与秦王？"曰："不若也。"相如曰："夫以秦王之威，而相如廷叱之，辱其群臣，相如虽驽，独畏廉将军哉？顾吾念之，强秦之所以不敢加兵于赵者，徒以吾两人在也。今两虎共斗，其势不俱生。吾所以为此者，以先国家之急而后私仇也。"廉颇闻之，肉袒负荆，因宾客至蔺相如门谢罪。曰："鄙贱之人，不知将军宽之至此也。"卒相与欢，为刎颈之交。

121

致福成义　礼达四方

　　本文节选自《史记·廉颇蔺相如列传》。作者司马迁，字子长，西汉史学家、文学家、思想家。

　　幼年的司马迁在父亲司马谈的指导下习字读书，十岁时已能阅读诵习古文《尚书》《左传》《国语》《系本》等书，二十八岁任太史令，继承父业，著述历史。后因替李陵败降之事辩解而受宫刑，调任中书令，发愤继续完成所著史籍。他以"究天人之际，通古今之变，成一家之言"的史识创作了中国第一部纪传体通史《史记》。

《史记》是中国历史上第一部纪传体通史，记载了上至黄帝下至汉武帝时期3000多年的历史，全书包括十二本纪、三十世家、七十列传、十表、八书，共一百三十篇，五十二万六千五百余字。《史记》规模巨大，体系完备，对后世纪传体史书影响很深，有极高的文学价值和史学价值，被鲁迅誉为"史家之绝唱，无韵之离骚"。

阅读鉴赏

渑池会结束以后回到赵国，由于蔺相如功劳大，被封为上卿，官位在廉颇之上。廉颇说："作为赵国的将军，我有攻战城池作战旷野的大功劳，而蔺相如只不过靠能说会道立了点功，可是他的地位却在我之上，况且蔺相如本来就出身卑贱，我感到羞耻，无法容忍在他的下面。"并且扬言说："我遇见蔺相如，一定要羞辱他一番。"蔺相如听到这话后，不愿意和廉颇相会。每到上朝时，蔺相如常常声称有病，不愿和廉颇去争位次的先后。没过多久，蔺相如外出，远远看到廉颇，蔺相如就掉转车子回避。于是蔺相如的门客就一起来向蔺相如抗议说："我们之所以离开亲人来侍奉您，是仰慕您高尚的节义呀。如今您与廉颇官位相同，廉颇传出坏话，而您却害怕躲避着他，胆怯得也太过分了，一般人尚且感到羞耻，更何况是身为将相的人呢！我们这些人没有出息，请让我们辞去吧！"蔺相如坚决地挽留他们，说："诸位认为廉将军和秦王相比谁更厉害？"众人都说："廉将军比不上秦王。"蔺相如说："以秦王的威势，而我尚敢在朝廷上呵斥他，羞辱他的群臣，我蔺相如虽然无能，难道会害怕廉将军吗！但是我想到，强大的秦国之所以不敢对赵国用兵，就是因为有我们两人在呀。如今我们俩相斗，就如同两猛虎争斗一般，势必不能同时生存。我之所以这样忍让，就是将国家的危难放在前面，而将个人的私怨搁在后面罢了！"廉颇听说了这些话，就脱去上衣，露出上身，背着荆条，由宾客引领，来到蔺相如的门前请罪，并且说："我这个粗野卑贱的人，想不到将军的胸怀如此宽大呀！"二人终于相互交欢和好，成了生死与共的好友。

《廉颇蔺相如列传》选取了"完璧归赵""渑池之会""廉蔺交欢"三个典型事件，"廉蔺交欢"即我们熟知的"将相和"故事。蔺相如被封为上卿，官位在廉颇之上，但面对廉颇的侮辱和挑衅，却不恼不恨，避而远之，处处忍让，充分表现了他礼让的美德、宽阔的胸襟和以国家安危为重从大局出发的崇高精神。而廉颇受蔺相如的感化也抛弃前嫌，负荆请罪，与蔺相如结为至交。

司马迁善于在尖锐、激烈的矛盾中刻画人物。面对廉颇的咄咄逼人，蔺相如处处谦让，甚至躲避，从而使人物性格得到鲜明、突出的表现。个性化的语言描写是本文的另一大特色。"今两虎共斗，其势不俱生"，"以先国家之急而后私仇也"，这些语言把蔺相如的形象塑造得更为高大。

　　"海纳百川，有容乃大。"蔺相如以德报怨，礼让他人，获得了廉颇的尊重和友谊；廉颇知错能改，负荆请罪，也是一种胸怀。生活中，与同学相处也应该谦虚礼让，虚怀若谷，要有集体意识，大局观念。

13　孔融让梨

诵读主体

　　续汉书曰："孔融，字文举，鲁国人，孔子二十世孙也。高祖父尚，钜鹿太守。父宙，泰山都尉。"融别传曰：融四岁，与兄食梨，辄引小者。人问其故。答曰："小儿，法当取小者。"

知人论世

　　本篇节选自《世说新语笺疏》。《世说新语笺疏》，作者余嘉锡，内容极为广泛，但重点不在训解文字，而主要注重考案史实。对世说原作和刘孝标注所说的人物事迹，一一寻检史籍，考核异同；对原书不备的，略为增补，以广异闻；对事乖情理的，则有所评论，以明是非。全书对所论述的许多种古籍，从内容，版本，到作者生平，都做了翔实的考证。

　　孔融（153—208），字文举，鲁国（今山东曲阜）人，东汉文学家，"建安七子"之首。家学渊源，是孔子的二十世孙，泰山都尉孔宙之子。

孔融，字文举，东汉时期山东曲阜人，是孔子的第二十世孙，高祖父孔尚当过钜鹿太守，父亲是泰山都尉孔宙。孔融别传记载：孔融四岁的时候，和哥哥吃梨，总是拿小的吃。有人问他为什么这么做。他回答说："小孩子食量小，按道理应该拿小的。"

这个故事告诉人们，凡事应该懂得遵守公序良俗。这些都是年幼时就应该知道的道德常识。古人对道德常识非常重视。道德常识是启蒙教育的基本内容，融于日常生活、学习的方方面面。

思考寄语

一个简单的故事，却能带给现在社会上很多"恃宠而骄"的孩童和家长们以启迪。咿呀学语的孩童开始诵读《三字经》的时候，"融四岁，能让梨"早已根植在幼小的心灵。十年育树，百年育人，一个人成为合格的有用的栋梁之材，离不开知识灌溉。但真正地成长为一个优秀的社会人是需要非常正直、诚实、善良、谦逊的成长土壤的，懂礼仪，遵守公序良俗就是他成长的标尺，让一棵树规范地、有序地成材。

14 张良拜师

诵读主体

张良拜师的典故叫作圯桥授书，故事如下：

一天，张良闲步沂水圯桥头，遇一穿着粗布短袍的老翁。这个老翁走到张良的身边时，故意把鞋脱落桥下，然后，傲慢地差使张良道："小子，下去给我捡鞋！"张良愕然，但还是强忍心中的不满，违心地替他取了上来。随后，老人又跷起脚来，命张良给他穿上。此时的张良真想挥拳揍他，但因他已久历人间沧桑，饱经漂泊生活的种种磨难，因而强压怒火，膝跪于前，小心翼翼地帮老人穿好鞋。老人非但不谢，反而仰面长笑而去。张良呆视良久，只见那老翁走出里许之地，又返回桥上，对张良赞叹道："孺子可教矣。"并约张良五日后再到桥头相会。张良不知何意，但还是恭敬地跪地应诺。

五天后，鸡鸣时分，张良急匆匆地赶到桥上。谁知老人故意提前来到桥上，此刻已等在桥头，见张良来到，愤愤地斥责道："与老人约，为何误时？五日后再来！"说罢离去。结果第二次张良再次晚老人一步。第三次，张良索性半夜就到桥上等候。他经受住了考验，其至诚和隐忍精神感动了老者，于是老者送给他一本书，说："读此书则可为王者师，十年后天下大乱，你可用此书兴邦立国；13年后济北谷城山下的黄石便是老夫。"说罢，扬长而去。这位老人就是传说中隐身岩穴的高士黄石公，亦称"圯上老人"。张良惊喜异常，天亮时分，捧书一看，乃《太公兵法》。从此，张良日夜研习兵书，俯仰天下大事，终于成为一个深明韬略、文武兼备、足智多谋的"智囊"。

秦二世元年（前209）七月，陈胜、吴广在大泽乡揭竿而起，举兵反秦。紧接着，各地反秦武装风起云涌。矢志抗秦的张良也聚集了100多人，扯起了反秦的大旗。后因自感身单势孤，难以立足，只好率众往投景驹（自立为楚假王的农民军领袖），途中正好遇上刘邦率领义军在下邳一带发展势力。两人相见如故，张良多次以《太公兵法》进说刘邦，刘邦多能领悟，并常常采纳张良的谋略。于是，张良果断地改变了投奔景驹的主意，决定跟从刘邦。作为士人，深通韬略固然重要，但施展谋略的前提则是要有善于纳谏的明主。这次不期而遇，张良"转舵"明主，反映了他在纷纭复杂的形势中，具有清醒的头脑和独到的眼光。从此，张良深受刘邦的器重和信赖，聪明才智也有机会得以充分发挥。

张良始终不忘那个给他《太公兵法》的老人。13年后，他随从刘邦经过济北时，果然在谷城山下看见有块黄石，并把它取回，称为"黄石公"，作为珍宝供奉起来，按时祭祀。张良死后，家属把这块黄石和他葬在一起。

致福成义 礼达四方

知人论世

张良（？—前186），字子房，颍川城父人。秦末汉初杰出谋臣，西汉开国功臣、政治家，与韩信、萧何并称为"汉初三杰"，被册封为留侯。

张良力劝刘邦在鸿门宴上卑辞言和，保存实力，并疏通项羽季父项伯，使得刘邦顺利脱身。他凭借出色的智谋，协助汉王刘邦赢得楚汉战争，建立大汉王朝；帮助吕后之子刘盈成为皇太子。

张良精通黄老之道，不恋权位，晚年随赤松子云游四海，汉高后二年（前186）去世，谥号文成。汉高祖刘邦曾在洛阳南宫评价他说："夫运筹策帷帐之中，决胜于千里之外，吾不如子房。"

阅读鉴赏

尊师重道，是中华民族的传统美德，其本质是尊重知识、尊重教育、尊重人才。对青少年进行尊师重道教育，是人类生存、发展和社会文明进步的需要。中华民族历代提倡尊师重教、尊师敬长，古代流传下来许许多多这方面的故事，"张良拜师"就是一个典型，这个故事生动形象地记叙了张良不辞劳苦、虔诚拜师的经历。张良拜师一波三折，老者几次三番刁难他，他都处处礼让，这既表现出对老者的尊重，也表现出自身品格的完善。

这个故事告诉我们：拜师学艺，一定要虚心，态度诚恳，百分百尊重老师，只有这样，才会得到师傅的真诚相授！

思考寄语

面对一个陌生的老人提出的无理要求——"给我捡鞋！"试问有多少人能够做到？这充分说明张良坚韧的品质和文明涵养，也正因为如此，才成就了一代开国功臣的宏图伟业。孟子曰："故天将降大任于是人也，必先苦其心志……所以动心忍性，曾益其所不能。"可见，求学成长的过程是艰辛的，不仅要忍辱负重，持之以恒，更要尊重他人，虚怀若谷。

15 谈礼貌

诵读主体

　　眼下，即使不是百分之百的人，也是绝大多数的人，都抱怨现在社会上不讲礼貌。这是完全有事实做根据的。前许多年，当时我腿脚尚称灵便，出门乘公共汽车的时候多，几乎每一次我都看到在车上吵架的人，甚至动武的人。起因都是微不足道的：你碰了我一下，我踩了你的脚，如此等等。试想，在拥拥挤挤的公共汽车上，谁能不碰谁呢？这样的事情也值得大动干戈吗？

　　曾经有一段时间，有关机关号召大家学习几句话："谢谢！""对不起！"等等。就是针对上述的情况而发的。其用心良苦，然而我心里却觉得不是滋味。一个有五千年文明的堂堂大国竟要学习幼儿园孩子们学说的话，岂不大可哀哉！

　　有人把不讲礼貌的行为归咎于新人类或新新人类。我并无资格成为新人类的同党，我已经是属于博物馆的人物了。但是，我却要为他们打抱不平。在他们诞生以前，有人早着了先鞭（比喻先人一步）。不过，话又要说了回来。新人类或新新人类确实在不讲礼貌方面有所创造，有所前进，他们发扬光大了这种并不美妙的传统，他们（往往是一双男女）在光天化日之下，车水马龙之中，拥抱接吻，旁若无人，扬扬自得，连在这方面比较不拘细节的老外看了都目瞪口呆，惊诧不已。古人说："闺房之内，有甚于画眉者。"这是两口子的私事，谁也管不着。但这是在闺房之内的事，现在竟几乎要搬到大街上来，虽然还没有到"甚于画眉"的水平，可是已经很可观了。新人类还要新到什么程度呢？

　　如果一个人孤身住在深山老林中，你愿意怎样都行。可我们是处在社会中，这就要讲究点人际关系。人必自爱而后人爱之。没有礼貌是目中无人的一种表现，是自私自利的一种表现，如果这样的人多了，必然产生与社会不协调的后果。千万不要认为这是个人小事而掉以轻心。

　　现在国际交往日益频繁，不讲礼貌的恶习所产生的恶劣影响已经不局限于国内，而是会流布全世界。前几年，我看到过一个什么电视片，是由一个意大利著名摄影家拍摄的，主题是介绍北京情况的。北京的名胜古迹当然都暴露无遗，但是，我的眼前忽然一亮：一个光着膀子的胖大汉子骑自行车双手撒把做打太极拳状，飞驰在天安门前宽广的大马路上。给人的形象是野蛮无礼。这样的形象并不多见。然而却没有逃过一个老外的眼光。我相信，这个电视片是会在全世界都放映的。它在外国人心目中会产生什么影响，不是一清二楚了吗？

最后，我想当一个文抄公，抄一段香港《公正报》上的话：

富者有礼高质，贫者有礼免辱，父子有礼慈孝，兄弟有礼和睦，夫妻有礼情长，朋友有礼义笃，社会有礼祥和。

知人论世

季羡林（1911—2009），山东省聊城市临清人，字希逋，又字齐奘；国际著名东方学大师、语言学家、文学家、国学家、佛学家、史学家、教育家和社会活动家。

其早年留学国外，通英文、德文、梵文、巴利文，能阅俄文、法文，尤精于吐火罗文（当代世界上分布区域最广的语系印欧语系中的一种独立语言），是世界上仅有的精于此语言的几位学者之一。为"梵学、佛学、吐火罗文研究并举，中国文学、比较文学、文艺理论研究齐飞"，其著作汇编成《季羡林文集》，共24卷。

阅读鉴赏

文章开门见山，亮出自己的观点"绝大多数的人，都抱怨现在社会上不讲礼貌"。接着以事实为根据论证观点，先是现身说法，以自己乘公共汽车每次都会遇到因微不足道的小事而大动干戈的人为例证，接着以有关机关号召大家学说"谢谢""对不起"等礼貌用语的事例，引发感慨"一个有着五千年文明的堂堂大国竟要学习幼儿园孩子们学说的话，岂不大可哀哉！"

现代社会礼貌的缺失是不争的事实，那么不礼貌行为出现的缘由是什么呢？作者认为不能归咎于新新人类：一是因为不礼貌的行为在社会中早已有之，并不是新新人类带来的；二是不应该把所有错误都归结到新新人类身上，可见作者在分析问题时有理有据，客观公正。但是作者认为新新人类的存在的确使不礼貌行为愈演愈烈，如不分场合地亲热，不仅使他人尴尬，也给社会风气带来了不良影响。

为何要讲礼貌？这也是本文的写作目的，作者认为随着社会的发展，信息传递的速度越来越快，国民的不礼貌行为破坏的不仅是国内社会风气，也会损伤国家的国际形象。在文末，作者引用了一段话来形容自己心目中的社会："富者有礼高质，贫者有礼免辱，父子有礼慈孝，兄弟有礼和睦，夫妻有礼情长，朋友有礼义笃，社会有礼祥和。"他强调"礼"，认为文明礼貌可以帮助我们处理好父子、兄弟、夫妻、朋友之间的社会关系，形成良好的社会风气，整个社会最后才能真正实现和谐。

思考寄语

现代社会不文明、不讲礼貌的行为比比皆是，例如，随意践踏草地，折断花草树木，开车加塞抢道，图书馆等场合大声喧哗，乱扔垃圾，排队插队，高铁飞机上霸占别人的座位还无理取闹，为了一点小事就吵架甚至大打出手……应该如何避免这些不讲礼貌的行为呢？首先，我们应该做好自己，提高个人的道德修养和行为素质，身体力行地作出表率；其次，及时制止不文明的行为，自觉维护社会的文明礼貌和社会公德，带动整个社会风气好转。

致福成义 礼达四方

16 客 至①

诵读主体

舍②南舍北皆春水，但见群鸥日日来。
花径不曾缘客扫，蓬门③今始为君开。
盘飧④市远无兼味，樽⑤酒家贫只旧醅。
肯⑥与邻翁相对饮，隔篱呼取⑦尽余杯。

注释：

① 客至：客指崔明府，杜甫在题后自注："喜崔明府相过"，明府，县令的美称。

② 舍：指家。但见：只见。此句意为平时交游很少，只有鸥鸟不嫌弃能与之相亲。

③ 蓬门：用蓬草编成的门户，以示房子的简陋。

④ 飧（sūn）：晚饭，亦泛指熟食，饭食。市远：离市集远。兼味：多种美味佳肴。无兼味，谦言菜少。

⑤ 樽：酒器。旧醅：隔年的陈酒。

⑥ 肯：能否允许，这是向客人征询。

⑦ 呼取：叫，招呼。余杯：余下来的酒。

知人论世

杜甫（712—770），字子美，自号少陵野老。汉族，祖籍襄阳，河南巩县（今河南省巩义）人。唐代伟大的现实主义诗人，与李白合称"李杜"。为了与另两位诗人李商隐与杜牧即"小李杜"区别，杜甫与李白又合称"大李杜"，杜甫也常被称为"老杜"。

杜甫在中国古典诗歌中的影响非常深远，被后人称为"诗圣"，他的诗被称为"诗史"。后世称其杜拾遗、杜工部，也称他杜少陵、杜草堂。杜甫创作了《春望》《北征》《三吏》《三别》等名作。759年杜甫弃官入川，虽然躲避了战乱，生活相对安定，但仍然心系苍生，胸怀国事。虽然杜甫是个现实主义诗人，但他也有狂放不羁的一面。杜甫的思想核心是儒家的仁政思想，他有"致君尧舜上，再使风俗淳"的宏伟抱负。杜甫虽然在世时声名并不显赫，但后来声名远播，对中国文学和日本文学都产生了深远的影响。杜甫共有约1500首诗歌被保留了下来，大多集于《杜工部集》。

阅读鉴赏

草堂的南北绿水缭绕、春意荡漾，只见鸥群日日结队飞来。长满花草的庭院小路没有因为迎客而打扫，只是为了你的到来，我家草门首次打开。离集市太远盘中没好菜肴，家境贫寒只有陈酒浊酒招待。如肯与邻家老翁举杯一起对饮，那我就隔着篱笆将他唤来。

这是一首至情至性的纪事诗，表现出诗人纯朴的性格和好客的心情。此诗是上元二年春天，杜甫五十岁时，在成都草堂所作。杜甫在历尽颠沛流离之后，终于结束了长期漂泊的生涯,在成都西郊浣花溪头盖了一座草堂,暂时定居了下来。安居成都草堂后不久,客人来访时作了这首诗。

首联先从户外的景色着笔,点明客人来访的时间、地点和来访前夕作者的心境。"舍南舍北皆春水",把绿水缭绕、春意荡漾的环境描述得十分秀丽可爱。这就是临江近水的成都草堂。"皆"字暗示出春江水势涨溢的情景,给人以江波浩渺、茫茫一片之感。群鸥,在古人笔下常常作水边隐士的伴侣,它们"日日"到来,点出环境清幽僻静,为作者的生活增添了隐逸的色彩。"但见",含弦外之音:群鸥固然可爱,而不见其他的来访者,不是也过于单调嘛!作者就这样寓情于景,表达了他在闲逸的江村中的寂寞心情。这就为贯穿全诗的喜客心情,巧妙地做了铺垫。

颔联把笔触转向庭院,引出"客至"。作者采用与客谈话的口吻,增强了宾主接谈的生活实感。上句说,长满花草的庭院小路,还没有因为迎客打扫过。下句说,一向紧闭的家门,今天才第一次为你崔明府打开。寂寞之中,佳客临门,一向闲适恬淡的主人不由得喜出望外。这两句,前后映衬,情韵深厚。前句不仅说客不常来,还有主人不轻易延客意,今日"君"来,可见两人交情之深厚,使后面的酣畅欢快有了着落。后句的"今始为"又使前句之意显得更为超脱,补足了首联两句。

颈联实写待客。因为居住在偏僻之地,距街市较远,交通不便,所以买不到更多的菜肴,宴席不丰盛。家境贫寒,未酿新酒,只能拿味薄的隔年陈酒来招待你。以上虚写客至,下面转入实写待客。作者舍弃了其他情节,专取最能显示宾主情意的生活场景,着意描画。主人盛情招待,频频劝饮,却因力不从心,酒菜欠丰,而不免歉疚。我们仿佛听到那实在而又亲切的家常话,字里行间充满了融洽气氛。"醅",未经过滤的酒。古人好饮新酒,所以诗人因旧醅待客而有歉意。

这是一首工整而流畅的七律。前两联写客至,有空谷足音之喜,后两联写待客,见村家真率之情。篇首以"群鸥"引兴,篇尾以"邻翁"陪结。在结构上,作者兼顾空间顺序和时间顺序。从空间上看,从外到内,由大到小;从时间上看,则写了迎客、待客的全过程。衔接自然,浑然一体。但前两句先写日常生活的孤独,从而与接待客人的欢乐情景形成对比。这两句又有"兴"的意味:用"春水""群鸥"意象,渲染出一种充满情趣的生活氛围,流露出主人公因客至而欢欣的心情。

131

致福成义 礼达四方

思考寄语

待人接物,礼尚往来,最能看出一个人的修养和性情,唐诗中有许多描写古人为人处世,迎来送往的诗篇。《客至》中的待客描写,不惜以半首诗的篇幅，具体展现了酒菜款待的场面，还出人料想地突出了邀邻助兴的细节，写得那样精彩细腻，语态传神，表现了诚挚、直率的友情。我们很容易感受到主人竭尽诚意的盛情，力不从心的歉疚和喜出望外的兴奋，也可以体会到主客之间真诚相待的深情厚谊。

杜甫是一个始终把目光投向现实的诗人，他植根大地，关注民生，体察人情，喜怒哀乐源于生活，流自心底，作品具有一种震撼人心的穿透力。这首诗，把门前景，家常话，身边情，编织成富有情趣的生活场景，以它浓郁的生活气息和人情味，显出特点，吸引着读者。

17 缅伯高失礼存义

诵读主体

唐朝贞观年间，西域回纥国是大唐的藩国，一次，回纥国为了表示对大唐的友好，便派使者缅伯高带了一批珍奇异宝去拜见唐王。在这批贡物中，最珍贵的要数一只罕见的珍禽——白天鹅。

缅伯高最担心的也是这只白天鹅，万一有个三长两短，可怎么向国王交代呢？所以，一路上，他亲自喂水喂食，一刻也不敢怠慢。

这天，缅伯高来到沔阳湖边，只见白天鹅伸长脖子，张着嘴巴，吃力地喘息着，缅伯高心中不忍，便打开笼子，把白天鹅带到水边让它喝了个痛快。谁知白天鹅喝足了水，合颈一扇翅膀，"扑喇喇"一声飞上了天！缅伯高向前一扑，只捡到几根羽毛，却没能抓住白天鹅，眼睁睁看着它飞得无影无踪，一时间，缅伯高捧着几根雪白的鹅毛，直愣愣地发呆，脑子里来来回回地想着一个问题："怎么办？进贡吗？拿什么去见唐太宗呢？回去吗？又怎敢去见回纥国王呢!"随从们说:"天鹅已经飞走了,还是想想补救的办法吧。"思前想后,缅伯高决定继续东行。他拿出一块洁白的绸子,小心翼翼地把鹅毛包好,又在绸子上题了一首诗:"天鹅贡唐朝,山重路更遥。沔阳河失宝,回纥情难抛。上奉唐天子,请罪缅伯高,物轻人意重,千里送鹅毛!"

　　缅伯高带着珠宝和鹅毛,披星戴月,不辞劳苦,不久就到了长安。唐太宗接见了缅伯高,缅伯高献上鹅毛。唐太宗看了那首诗,又听了缅伯高的诉说,非但没有怪罪他,反而觉得缅伯高忠诚老实,不辱使命,就重重地赏赐了他。

　　从此,"千里送鹅毛,礼轻情义重"的故事广为流传开来。

知人论世

　　千里送鹅毛,礼轻情意重:千里之外赶来送上鹅毛作为礼物,礼物虽轻,但表达的情意却很深重。比喻礼物虽轻而情意深厚。

阅读鉴赏

　　缅伯高是一个对君主绝对忠诚并怀有高度责任心和使命感的人,从故事中可以看出他的机智与才干。在古代社会,身为皇帝,可以意识到情义无价,不以奇珍异宝为权衡臣民忠诚与否的独一标准,也是一种进步。

思考寄语

　　中国古人爱送礼,现代人同样爱送礼,古人送礼讲场合、讲对象,讲究"礼尚往来",主要是表示情意。主人要推让再三才收下,过一阵子还要去还礼,回送相当的礼物。这就是所谓的"礼尚往来。往而不来,非礼也;来而不往,亦非礼也"。

致福成义　礼达四方

18 许武教弟

汉许武,父卒,二弟晏普幼。武每耕,令弟旁观,夜教读,不率教,即自跪家庙告罪。武举孝廉,以弟名未显,乃析产为三。自取肥田广宅,劣者与弟,人皆称弟而鄙武。及弟均得选举,乃会宗亲,泣言其故,悉推产于弟。

134

知人论世

孝廉:是汉武帝时设立的察举考试,以任用官员的一种科目,孝廉是"孝顺亲长、廉能正直"的意思。后代,"孝廉"这个称呼,也变成明朝、清朝对举人的雅称。

阅读鉴赏

汉朝时候,有个姓许名武的人,他父亲早已死了,剩下两个弟弟,一个叫许晏,一个叫许普,年纪都还很小。许武每每在耕田的时候,叫他两个弟弟立在旁边看着,晚上许武自己教他两个弟弟读书。如若弟弟不听他的教训,他就自己去跪在家庙里告罪。后来许武举了孝廉,但是他因为两个弟弟都还没有名望,就把家产分做了三份,自己取了最肥美的田地和广大的房屋,所有坏的统统给了弟弟。所以当时社会上的人,都称许他的两个弟弟,反而看轻许武了。等到两个弟弟都得了选举,他就会合了宗族和亲戚们,哭着说明当时要给他弟弟显扬名声的缘故,并且把所有的家产,都让给了两个弟弟。

许武的仁爱孝悌是令人敬佩的,他对弟弟的精心教导和关爱以及提拔弟弟的用心良苦,千百年来一直被人们津津乐道。

仁爱孝悌让我们饱怀对这世界的博泛热爱，对老人的孝感尊敬，在外以谦卑的心态尊敬兄长，照顾晚辈，是中华民族固有的民族精神。不管在哪个历史时期，也不管是在官方还是在民间，人们都十分重视仁德的作用。

19 向中国人脱帽致敬

135

致福成义 礼达四方

诵读主体

记得那是12月，我进入巴黎十二大学。

我们每周都有一节对话课，为时两个半钟头。在课堂上，每个人都必须提出或回答问题。问题或大或小，或严肃或轻松，千般百样，无奇不有。

入学前，云南省《滇池》月刊的一位编辑，向我介绍过一位上对话课的教授："他留着大胡子，以教学严谨闻名于全校。有时，他也提问，且问题刁钻古怪得很。总而言之，你要小心，他几乎让所有的学生都从他的课堂上领教了什么叫作'难堪'……"

我是插班生，进校时，别人已上了两个多月课。我上第一节对话课时，就被教授点着名来提问："作为记者，请概括一下您在中国是如何工作的？"

我说："概括一下来讲，我写我愿意写的东西。"

我听见班里有人窃笑。

教授弯起一根食指顶了顶他的无边眼镜："我想您会给我这种荣幸：让我明白您的首长是如何工作的。"

我说："概括一下来讲，我的首长发他愿意发的东西。"

全班"哄"地一下笑起来。那个来自苏丹王国的阿卜杜勒鬼鬼祟祟地朝我竖大拇指。

教授两只手都插入裤袋，挺直了胸膛问："我可以知道您是来自哪个中国的吗？"

班上当即冷场。我慢慢地对我的教授说："先生，我没有听清楚您的问题。"

他清清楚楚、一字一句，又重复一遍。我看着他的脸。那脸，大部分掩在浓密的毛发下。我告诉那张脸，我对法兰西人的这种表达方式很陌生，不明白"哪个中国"一说可以有什么样的解释。

"那么，"教授说，"我是想知道：您是来自台湾中国还是北京中国？"

雪花在窗外默默地飘。在这间三面墙壁都是落地玻璃的教室里，我明白地感觉到了那种突然冻结的沉寂。几十双眼睛，蓝的绿的褐的灰的，骨碌碌瞪大了盯着三个人来回看，看教授，看我，看我对面那位台湾同学。

"只有一个中国，教授先生。这是常识。"我说。马上，教授和全班同学一起，都转了脸去看那位台湾人。那位黑眼睛黑头发黄皮肤的同胞正视了我，连眼皮也不眨一眨，冷冷地慢慢道来："只有一个中国，教授先生。这是常识。"

话音才落，教室里便响起了一片松动椅子的咔咔声。

教授先生盯牢了我，又递来一句话："您走遍了中国吗？"

"除台湾省外，先生。"

"为什么您不去台湾呢？"

"政府还不允许，先生。"

"那么，"教授将屁股放了一边在讲台上，搓搓手看我，"您认为在台湾问题上，该是谁负主要责任呢？"

"该是我们的父辈，教授先生。那时候他们还年纪轻轻哩！"

教室里又有了笑声。教授先生却始终不肯放过我："依您之见，台湾问题应该如何解决呢，如今？"

"教授先生，中国有句老话，叫作'一人做事一人当'。我们的父辈还健在哩！"我说，也朝着他笑，"我没有那种权力去剥夺父辈们解决他们自己酿就的难题的资格。"

我惊奇地发现，我的对话课的教授思路十分敏捷，他不笑，而是顺理成章地接了我的话去："我想，您不会否认邓小平先生该是你们的父辈。您是否知道他想如何解决台湾问题？"

"我想，如今摆在邓小平先生桌面的，台湾问题暂时还不是最重要的。"

教授浓浓的眉毛好像一面旗子展了开来："什么问题才是最重要的呢，在邓小平先生的桌面上？"

"依我之见，如何使中国尽早富强起来是他最迫切需要考虑的。"

教授将他另一边屁股也挪上了讲台，换了个更舒服的姿势坐好，依然对我穷究下去："我实在愿意请教：中国富强的标准是什么？这儿坐了二十几个国家的学生，我想大家都有兴趣弄清楚这一点。"

我突然一下感慨万千，竟恨得牙根儿发痒，狠狠用眼戳着这个刁钻古怪的教授，站起来对他说，一字一字地："最起码的一条是：任何一个离开国门的我的同胞，再不会受到像我今日承受的这类刁难。"

教授倏地离开了讲台向我走来，我才发现他的眼睛很明亮，笑容很灿烂。他将一只手掌放在我的肩上轻轻说："我丝毫没有刁难您的意思，我只是想知道，一个普普通通的中国人是如何看待他们自己国家的。"然后，他两步走到教室中央，大声宣布："我向中国人脱帽致敬。下课。"

出了教室，台湾同胞与我并排走着。好一会儿后，我们两人不约而同地看着对方说："一起喝杯咖啡好吗？"

致福成义 礼达四方

知人论世

钟丽思，1988年赴法国留学的女作家，现为法国巴黎阿拉贝电影制片厂编导，兼为《天下华人》法国主笔、《看世界》杂志专栏作家。《顽童时代》是她自传体小说系列的第一部。

阅读鉴赏

文章主要通过大胡子教授刁钻古怪的问题以及"我"充满爱国情怀的答话，来表现"我"强烈的爱国主义情感。作者再现了真实的人物、场景、气氛，运用多种描写手法，特别是对话，来刻画人物性格特征。语言充分调动了读者的爱国情感，也让大家明白只有理直气壮地维护国格、树立自尊的人格，才能赢得他人尊重的道理。读完这篇文章读者体验到了中华民族要和谐共处的情感，油然而生民族自豪感和爱国心，更坚定了维护祖国尊严和独立的信心。

　　国格与人格都是十分珍贵的，保护国格和人格免受侵犯甚于任何财富。海峡两岸的中国人同祖同宗，在欧洲人面前不约而同地捍卫"中国人"的尊严，赢得了人家的"脱帽致敬"。而那些亵渎人格国格的人，却永远被人瞧不起。

诵读，伴思想航船远行（第一册）

20 满江红

诵读主体

　　怒发冲冠，凭栏处，潇潇雨歇。
抬望眼，仰天长啸，壮怀激烈。
三十功名尘与土，八千里路云和月。
莫等闲，白了少年头，空悲切！

　　靖康耻，犹未雪。
臣子恨，何时灭！
驾长车，踏破贺兰山缺。
壮志饥餐胡虏肉，笑谈渴饮匈奴血。
待从头，收拾旧山河，朝天阙。

岳飞（1103—1142），字鹏举，相州汤阴（今属河南）人。中国历史上著名的军事家、战略家、民族英雄，南宋初抗金名将，位列"南宋中兴四将"之首。岳飞的文学才华也是将帅中少有的，他的不朽词作《满江红》，是千古传诵的爱国名篇。后被高宗以"莫须有"的罪名杀害，葬于西湖畔栖霞岭。孝宗时追谥"武穆"，宁宗时追封鄂王。明徐阶编有《岳武穆遗文》一卷，词存三首。

阅读鉴赏

我怒发冲冠登高倚栏杆，一场潇潇细雨刚刚停歇。抬头望眼辽阔一片，仰天长声啸叹。壮怀激烈，三十年勋业如今成尘土，征战千里只有浮云明月。莫虚度年华白了少年头，只有独自悔恨悲悲切切。

靖康年的奇耻尚未洗雪，臣子愤恨何时才能泯灭。我只想驾着一辆辆战车踏破贺兰山敌人营垒。壮志同仇，饿吃敌军的肉，笑谈蔑敌，渴饮敌军的血。我要从头再来收复旧日河山，朝拜故都京阙。

这是南宋抗金英雄岳飞创作的一首词，表现了词人抗击金兵、收复故土、统一祖国的强烈的爱国精神。

上阕写词人悲愤中原重陷敌手，痛惜前功尽弃的局面，也表达自己继续努力，争取壮年立功的心愿。词人站在楼台高处，凭栏远望。他看到那已经收复却又失掉的国土，想到了重陷水火之中的百姓，不由得"怒发冲冠""仰天长啸""壮怀激烈"，这几句一气呵成。"三十""八千"二句，回忆以往，包罗时空，视功名为尘土，杀敌任重道远，生动地描绘了一个忧国忧民的英雄形象。

下阕抒写词人对于民族敌人的深仇大恨，统一祖国的殷切希望，忠于朝廷的赤诚之心。开头四个短句，三字一顿，一锤一声，裂石崩云，突出全词中心。从"驾长车"到"笑谈渴饮匈奴血"都以夸张的手法表达了词人对凶残敌人的愤恨之情，同时表现了英勇无畏的乐观精神。

这首词音调激越，风格豪迈悲壮，抒写了岳飞"精忠报国"的英雄之志，词中透出的雄壮之气，充分展现了词人忧国报国的壮志胸怀。

现在的中华民族无论是在人的自然性还是人的社会性方面都与几千年前有所不同，但无论时间如何的久远，岳飞的爱国主义精神都是值得现代人永恒思索的话题。他所显现的民族精神，是反抗民族压迫与侵略的"爱国主义精神"，这种精神是中华民族的，更是全人类的，是一个民族赖以生存的基础。抗战期间这首词曲以其低沉却雄壮的歌声，感染了中华儿女，而现代青年依然认同和敬仰岳飞高尚的精神和坚贞的操守。

21 布周：守卫净土心如镜（节选）

诵读主体

车队向西驶出青藏公路，之后便进入一望无垠的旷野，随着手机信号逐格消失，现代文明被彻底隔绝。

迎接他们的，是美丽而又危险无处不在的可可西里。

可可西里是蒙古语，意思是"青色的山梁""美丽的少女"，它位于新疆、西藏和青海三省区交界处，是中国四大无人区之一，平均海拔4600米以上，被称为"世界第三极"。这里一天经历四季，年平均气温为零下10摄氏度到4.1摄氏度，最低气温零下46.2摄氏度，这里是藏羚羊等野生动物的天堂，也是人类的一片净土。

20世纪八九十年代，一种叫作"沙图什"的奢华披肩在欧美市场走俏。一条"沙图什"当时最高可卖到5万美元，而制作一条这样的披肩，要付出3到5只成年藏羚羊的生命。这种带着血腥的美丽，导致藏羚羊被大量猎杀，种群数量从最初的20多万只，到1997年时已只剩下不到2万只。1992年，可可西里所在的治多县组建巡山队，开始严厉打击盗猎分子，一年后，时任治多县委副书记的杰桑·索南达杰在抓捕盗猎分子时中弹牺牲。

布周说："索南达杰烈士牺牲以后，大家都知道可可西里了。"

1996年，可可西里省级自然保护区挂牌成立。第二年，升格为国家级自然保护区。管理局在青藏公路沿线设立保护站，每个月都会组织队员深入可可西里腹地巡山。从2006年起，在队员们巡山过程中再没有发现过一起盗猎藏羚羊事件，可可西里藏羚羊的数量现在约为6万只，比1997年增长了2倍。

车队驶入全是泥泞的滩涂地，于是车子跳起了"迪斯科"。

剧烈的颠簸中，布周交代队员们一定要坐稳。

这条路是前往太阳湖的唯一路线，同时也是巡山队员出山的必经之路。一路上，队员们都会仔细观察沿途的车辙，根据车辙的异常，也许可以发现失联队友。

由于夏季气温升高，表层冻土融化，再加上雨季的到来，看似平坦的土地，其实都是泥地、滩涂和沼泽。进山15分钟后，车子陷在了泥地里。

1台车被困、2台车被困、3台车被困，陷车、营救、再陷车、接力营救，在海拔5000米的高原，队员们一次次挖泥、推车，体力消耗极大。

最后，4台车全都深陷泥地，整个车队瘫痪。

布周说："到山里面都是一把好手，一陷车大家全体上来一起挖车，想尽办法一定要走出这个困境。从他们身上，感觉到一种特殊的情怀、一种无穷的力量，同时也唤起我对这片土地的热爱。"

每次经过泥地，车队都会自觉沿着原来的车辙走。

我们好奇地问："明明是烂泥路，为什么不能绕过？为什么不从旁边走？"

"旁边不行，因为还得重新开辟这个道路，而且还会破坏草场。"布周说，守护净土，就要敬畏这里的一草一木。

这时，失联巡山队员的车子从远方缓缓驶来。

布周松了一口气："会师了。"

队友平安归来，大家欢呼着——握手、拥抱、贴面。原来，巡山队员在过河时遭遇陷车，卫星电话进水出现故障，导致失联。

面对前来接应的队员连珠炮般的提问，巡山队员淡定地说，值班的25天里没遇到什么太大的意外，就遇到一些棕熊袭击帐篷之类的。

队员们就地短暂休整，切了西瓜吃，又拍了合影。

2个小时后，4台车终于全部脱困。布周和此前失联的队员一起返回，新换岗的巡山队员继续向山区前进。即将回家与家人团聚，队员们把手机里巡山的照片一一删除，因为待在无人区的危险和艰苦，他们不想让家人看到。

39岁的普措才仁是烈士杰桑·索南达杰的外甥。当年舅舅与盗猎分子进行枪战后牺牲。第二年，他的父亲扎巴多杰，时任玉树州人大法制工作委员会副主任，申请去可可西里接管巡山队的工作。隔年，父亲在家里中枪身亡。第三年，19岁的他决意追随舅舅和父亲，继续他们未竟的事业。10年后，弟弟秋培扎西也主动申请调来这里。

布周和队员们一起唱起了《康巴汉子》："血管里响着马蹄的身影/眼里是圣洁的太阳/当青稞酒在心里/给歌唱的时候/世界就在手上/就在手上/就在手上！"

天亮了。

布周带领队员们来到索南达杰纪念碑前。

在海拔4768米的昆仑山口，杰桑·索南达杰烈士纪念碑巍然耸立，每次经过这里，巡山队员们都会特意下车，向英雄的塑像献哈达、敬青稞酒。索南达杰是可可西里第一代守护者，为了保护藏羚羊，在与18名持枪偷猎者对峙中，他流尽了最后一滴血，被零下40摄氏度的风雪塑成一尊冰雕后，依然保持瞄准开枪的姿势。

献哈达。

敬酒。

鸣枪。

撒风马旗……

列队敬礼时，布周和队员们的脸上，写满了庄严和崇敬。

如今，在这片净土上，盗猎者的枪声已经远去，藏羚羊的种群得到极大恢复。

2017年7月，可可西里获准列入《世界遗产名录》。在这之前，布周还在北京荣获"中国生态英雄"称号。

在布周的卧室，立着一块石头，是他在可可西里巡山时捡回来的，石头的纹理好像一面党旗，又好像一块明镜。

布周知道，选择了生态保护，就选择了忠诚，忠诚于祖国的需要，当好山川卫士。

知人论世

布周，藏族，任可可西里自然保护区管理局局长。2011年，藏族汉子布周接过前辈的担子，继续打击盗猎。多年来，他曾经43次领队深入无人区巡山，最长的一次在无人区待了48天。经过20多年的坚守和保护，如今的可可西里，盗猎者的枪声已经远去，藏羚羊种群从最低谷时期的2万只已经增加到6万多只。

阅读鉴赏

　　可可西里蒙语意为"青色的山梁"，又说是"美丽的少女"。它位于青藏高原西北部，夹在唐古拉山和昆仑山之间，是长江的主要源区之一。

　　可可西里自然保护区是目前世界上原始生态环境保存最完美的地区之一，也是最后一块保留着原始状态的自然之地。周围没屏障，地势高峻，平均海拔高度在5000米以上。可可西里自然条件恶劣，人类无法长期居住，但却是野生动物的天堂。有资料显示，可可西里目前是中国动物资源比较丰富的地区之一，拥有的野生动物有230多种，其中属国家重点保护的一、二类野生动物就有20余种。

　　藏羚羊被称为可可西里的骄傲，是我国特有的物种，国家一级保护动物，也是列入《濒危野生动植物种国际贸易公约》中严禁贸易的濒危动物。

　　有些人为了生存要保护环境，有些人为了生存要破坏环境。在可可西里，生命的无常，人的渺小，理想的无奈；人与自然关系是如此的微妙与脆弱。文章讲述一群普通人保护藏羚羊的经历。他们向死而生：用生命诠释道德和信仰。不为钱财，不为名誉，只为心中对这片净土的信仰。

思考寄语

　　　　在常年的一线工作中，布周与同事的足迹遍及保护区腹地各个角落，不仅要同盗猎、盗采团伙作斗争，还要忍受常人难以想象的恶劣自然环境，更经历了与藏羚羊同呼吸共命运的情感磨炼。"选择了生态保护这个职业，就选择了忠诚；选择了忠诚，就选择了使命和责任。"布周用行动诠释着对可可西里生态保护事业的满腔热情，他以另一种形式守卫国家疆土。

致福成义　礼达四方

职业道酬精

职场赢家

1 差 别

　　两个同龄的年轻人同时受雇于一家店铺，并且拿同样的薪水。

　　可是一段时间后，叫阿诺德的那个小伙子青云直上，而那个叫布鲁诺的小伙子却仍在原地踏步。布鲁诺很不满意老板的不公正待遇。终于有一天他到老板那儿发牢骚了。老板一边耐心地听着他的抱怨，一边在心里盘算着怎样向他解释清楚他和阿诺德之间的差别。

　　"布鲁诺先生，"老板开口说话了，"您现在到集市上去一下，看看今天早上有什么卖的。"

　　布鲁诺从集市上回来向老板汇报说，今早集市上只有一个农民拉了一车土豆在卖。

　　"有多少？"

　　布鲁诺赶快戴上帽子又跑到集上，然后回来告诉老板一共四十袋土豆。

　　"价格是多少？"

　　布鲁诺又第三次跑到集上问来了价格。

　　"好吧，"老板对他说，"现在请您坐到这把椅子上一句话也不要说，看看阿诺德怎么说。"

　　阿诺德很快就从集市上回来了。向老板汇报说到现在为止只有一个农民在卖土豆，一共四十口袋，价格是多少多少；土豆质量很不错，他带回来一个让老板看看。这个农民一个钟头以后还会弄来几箱西红柿，据他看价格非常公道。昨天他们铺子的西红柿卖得很快，库存已经不多了。他想这么便宜的西红柿，老板肯定会要进一些的，所以他不仅带回了一个西红柿做样品，而且把那个农民也带来了，他现在正在外面等回话呢。

　　此时老板转向了布鲁诺，说："现在您肯定知道为什么阿诺德的薪水比您高了吧！"

知人论世

这篇文章节选自张健鹏、胡足青主编的《故事时代》中的《差别》一文,《故事时代》是2006年1月1日当代世界出版社出版的图书。它在序言中写道:"繁忙紧张的现代人忙碌着一项项大事业,那些美丽的故事蒙着灰尘静静地躺在脑海深处。直到有一天,他们抱着自己的小宝宝,才想起去买本童话书,给孩子们讲故事。真的只有孩子们才需要故事吗?有许多故事很精彩,可惜太长;有许多故事很精彩,但已流传甚广,本书只好对其割爱,力图为朋友们献上一份精美新鲜的小快餐,滴水藏海,小中见大。在轻松的阅读中,有一份新鲜的感觉,愉悦的享受,不知不觉中,为自己点一盏心灯。慢慢去读吧,慢慢去做吧,我的朋友,不要让智慧消化不良,融入血液的营养才是真正的收获。"

它通过一篇篇小故事,告诉你一个个人生哲理给你人生的启示。本文还被选入《普通话水平测试》中的作品朗读第2号,被许多人熟知。

阅读鉴赏

本文篇幅短小但含义深刻,标题是《差别》,阿诺德与布鲁诺的差别是什么?很明显两人都很勤快,只不过阿诺德做事主动,而布鲁诺缺乏主动性。为什么会这样呢?在我看来,两人最主要的差别在于人生定位不同,阿诺德目标远大,他尽管不是经理,但他的一举一动很明显已经把自己定位在经理的位置上,从经理的角度思考并处理问题,因此做事积极主动。而布鲁诺很明显只是把自己定位在一个伙计的位置上,因此只能被动地听从吩咐,做一名伙计的本职工作。因此,初入职场,确定一个远大的目标是人生成功的起点。文中的老板也做得很好:他敏锐地发现人才,并立即予以重用;面对抱怨没有讲大道理,而是以事实说话,以一件小事为例,结果事实胜于雄辩,不用多说就让当事人心悦诚服。

思考寄语

职场中遇到不公平的待遇是很常见的,敢于向老板发牢骚也是一种勇气,但建议大家在怨天尤人的同时也要先反省一下:自己是不是有不如别人的地方?如果不加反省,一味地抱怨,只能像布鲁诺一样自讨没趣。

达瑞的故事（节选）

在达瑞八岁的时候，有一天他想去看电影。因为没有钱，他想是向爹妈要钱，还是自己挣钱？最后他选择了后者。他自己调制了一种汽水，向过路的行人出售。可那里正是寒冷的冬天，没有人买，只有两个人例外——他的爸爸和妈妈。

他偶然有一个和非常成功的商人谈话的机会。当他对商人讲述了自己的"破产史"后，商人给了他两个重要的建议：一是尝试为别人解决一个难题；二是把精力集中在你知道的、你会的和你拥有的东西上。

这两个建议很关键。因为对于一个八岁的孩子而言，他不会做的事情很多。于是他穿过大街小巷，不住地思考：人们会有什么难题，他又该如何利用这个机会？

一天，吃早饭时父亲让达瑞去取报纸。美国的送报员总是把报纸从花园篱笆的一个特制的管子里塞进来。假如你想穿着睡衣舒舒服服地吃早饭和看报纸，就必须离开温暖的房间，冒着寒风，到花园去取。虽然路短，但十分麻烦。

当达瑞为父亲取报纸的时候，一个主意诞生了。当天他就按响邻居的门铃，对他们说，每个月只需付给他一美元，他就每天早上把报纸塞到他们的房门底下。大多数人都同意了，很快他有了七十多个顾客。一个月后，当他拿到自己赚的钱时，觉得自己简直是飞上了天。

很快他又有了新的机会，他让他的顾客每天把垃圾袋放在门前，然后由他早上运到垃圾桶里，每个月加一美元。之后他还想出了许多孩子赚钱的办法，并把它集结成书，书名为《儿童挣钱的二百五十个主意》。为此，达瑞十二岁时就成了畅销书作家，十五岁有了自己的谈话节目，十七岁就拥有了几百万美元。

知人论世

博多·舍费尔 1960年9月10日出生在德国科隆，16岁时移民美国。在加州一所高等学校毕业后，先后在美国旧金山和墨西哥学习法律，是德国著名的投资家、企业家、演说家以及畅销书作家。30岁时他决定把他的理财知识传播给其他人。首先，他开始到各地举办一系列的巡回讲座。融合了个人成功的财务计划和领导策略等观念，目标是使与会者都能通向财务自由、稳固幸福之路，并著书总结，本本畅销。

2001年，博多·舍费尔创立了"我们未来的孩子"基金——用于激励孩子与年轻人在竞争激烈的社会中打造一条属于自己个人的未来之路：首先是得到理财指导，其次是选择良师作为私人理财顾问。与此同时，他专为孩子与年轻人写的《小狗钱钱》直登畅销书排行榜，被称为"欧洲第一金钱教练"。本文就选自《小狗钱钱》，并被《普通话水平测试》篇目收录。

阅读鉴赏

《达瑞的故事》在普通话水平测试朗读作品60篇里并不属于一篇名作，它的作者博多·费舍尔不是什么文学巨匠，文章里也没有华丽的修辞和美好的抒情。它的原文只是来自童话故事《小狗钱钱》里面的一个小故事。作者的意图就是想通过浅显易懂的小故事，引导孩子们有一个正确的理财观念，为长大以后的金融之路做一个基础的铺垫。

然而《达瑞的故事》带给我们更多的思考却是达瑞父母的教育理念。其实我们都清楚，太多的孩子在很小的时候就明白金钱的意义了，他们知道，有钱就可以买好吃的，买玩具，买漂亮的裙子，有钱还可以去欢乐堡，可以去海底世界，可以跟着爸爸妈妈到处去玩，这就是孩子们的金钱观，但是他们当中更多的孩子根本不知道钱是怎么来的，这就凸显了故事中小达瑞的不同之处。

一个8岁的孩子就知道思考如何去自己赚钱自己花了，足以见得平时父母对他的教育和引导，亦如他们对小达瑞在街边卖自己调制的汽水的支持。换位思考，如果我们是小达瑞的父母，对于孩子的行为，你会支持吗？别说是在寒冷的街边，单说一个8岁孩子调制的汽水，怎么可能会有人买呢？可是达瑞的父母并没有制止他，反而用自己的行动表示了对达瑞的认可、鼓励和支持。

商人告诉达瑞的，"把精力集中在你知道的，你会的和你拥有的东西上"。关于这句话，我的理解就是要把精力用在你能做到的事情上面，不要好高骛远，要亲力亲为，实践出真知。我们身边的孩子，别说亲力亲为地去思考如何赚钱，就是平日里的生活，孩子们自己的事情又有几个可以亲力亲为的呢？不去试试，怎么会有成功？孩子们终究要进入职场，不妨先利用暑假也试试创业，虽然不一定能成功，但也能为将来工作奠定基础。

3 坚守你的高贵

诵读，伴思想航船远行（第一册）

    多年前，建筑设计师莱伊恩受命设计了英国温泽市政府大厅。他运用工程力学的知识，依据自己多年的实践，巧妙地设计了只用一根柱子支撑的大厅天花板。一年以后，市政府权威人士进行工程验收时，却说只用一根柱子支撑天花板太危险，要求莱伊恩再多加几根柱子。

    莱伊恩坚信只要一根紧固的柱子足以保证大厅安全，他的"固执"惹恼了市政官员，险些被送上法庭。他非常苦恼，坚持自己原先的主张吧，市政官员肯定会另找人修改设计；不坚持吧，又有悖自己为人的准则，矛盾了很长一段时间，莱伊恩终于想出了一个妙计，他在大厅里增加了四根柱子，不过这些柱子并未与天花板接触，只不过是装装样子。

    三百年过去了，这个秘密始终没有被人发现。直到前两年，市政府准备修缮大厅的天花板，才发现莱伊恩当年的"弄虚作假"。消息传出后，世界各国的建筑专家和游客云集于此，当地政府对此也不加掩饰，在21世纪到来之际，特意将大厅作为一个旅游景点对外开放，旨在引导人们崇尚和相信科学。

作为一名建筑师，莱伊恩并不是最出色的。但作为一个人，他无疑非常伟大，这种伟大表现在他始终恪守着自己的原则，给高贵的心灵一个美丽的住所：哪怕是遭遇到最大的阻力，也要想办法抵达胜利的彼岸。

知人论世

游宇明，男，1963年10月生，湖南双峰人，知名散文家、杂文家，中国作家协会会员，国家一级作家，中国写作学会杂文专业委员会常务委员，湖南省作家协会教师作家分会副主席，娄底市作协副主席，《读者》《格言》等刊签约作家。除上述杂志外，他有许多文章被大学教材、中专教材、中学语文阅读教材、全国普通话教材所引用。本文就选自普通话水平测试作品朗读第19号作品。

阅读鉴赏

高贵与平庸的区别有时只在一念之间。如果莱伊恩屈从了市政官员的愚昧与独裁，加上了柱子，那也就没有了今天闻名世界的温泽市政府大厅，莱伊恩也只是一个普通的建筑设计师而已。但他却用自己富于智慧的对峙与心灵的高贵坚守，使他的建筑作品在经历了漫长的300多年岁月的打磨之后，仍如黄金般熠熠生辉。

其实，在我们的生命旅程中，随时都有可能遇到莱伊恩的情况，我们将何去何从？如果我们能坚持，就将最终赢得人生的胜利，如果我们放弃坚守，那么，我们就会蜕变为平庸。

思考寄语

在职场上要坚持自己的理念是非常困难的，很多时候，真理是掌握在少数人手里的，自己的理念不被上级或传统认可是很正常的。像哥白尼、布鲁诺一样为了真理而献身是伟大的，但不是每个人都能做到的。如何做到就像鲁迅所说的"壕堑战"那样，既坚持真理，又能保全自己，才是最好的方法。莱伊恩的做法就是一个例子，总之，为人处世既要坚持真理，又要适当变通是非常必要的。

4 金 子

自从传言有人在萨文河畔散步时无意发现了金子后，这里便常有来自四面八方的淘金者。他们都想成为富翁，于是寻遍了整个河床，还在河床上挖出很多大坑，希望借助它们找到更多的金子。的确，有一些人找到了，但另外一些人因为一无所得而只好扫兴归去。

也有不甘心落空的，便驻扎在这里，继续寻找。彼得·弗雷特就是其中一员。他在河床附近买了一块没人要的土地，一个人默默地工作。他为了找金子，已把所有的钱都押在这块土地上。他埋头苦干了几个月，直到土地全变得坑坑洼洼，他失望了——他翻遍了整块土地，但连一丁点儿金子都没看见。

六个月后，他连买面包的钱都没有了。于是他准备离开这儿到别处去谋生。

就在他即将离去的前一个晚上，天上下起了倾盆大雨，并且一下就是三天三夜。雨终于停了，彼得走出小木屋，发现眼前的土地看上去好像和以前不一样：坑洼的地表已被大水冲刷平整，松软的土地上长出一层绿茸茸的小草。

"这里没找到金子，"彼得忽有所悟地说，"但这土地很肥沃，我可以用来种花，并且拿到镇上去卖给那些富人，他们一定会买些花装扮他们华丽的客厅。如果真是这样的话，那么我一定会赚许多钱。有朝一日我也会成为富人……"

于是他留了下来。彼得花了不少精力培育花苗，不久田地里长满了美丽鲜艳的花。

五年以后，彼得终于实现了他的梦想——成了一个富翁。"我是唯一一个找到真金的人！"他时常不无骄傲地告诉别人，"别人在这儿找不到金子后便远远地离开，而我的'金子'是在这块土地里，只有诚实的人用勤劳才能采集到。"

知人论世

    《解放日报》创刊于1941年中国共产党延安时期，是中国共产党政治理论的早期刊物，是中国上海解放日报报业集团出版的一份日报，是中国共产党上海市委的机关报。专副刊突出服务性、知识性、趣味性，形成了《朝花》《新论》《读者心声》等副刊和《网络周刊》《健康周刊》《汽车周刊》《住宅消费》《解放周末》等专刊周刊品牌和特色系列，每周一至周日轮流刊出，以适应不同读者群的需要。本文在《解放日报》发表后，又被各级媒体转载，尤其是被选入国家《普通话水平测试》朗读篇目，影响很大。

阅读鉴赏

    本文篇幅短小，仅553字，却做到了一波三折，且蕴含着一个深刻的道理：彼得满怀希望找金子，没有找到金子，最后却找到了真正的金子——勤劳。故事结尾虽在意料之外，却又处处在情理之中：第一小节就说了："但另外一些人因为一无所得而只好扫兴归去。"暗示着彼得不一定能找到金子，况且他买的那块土地又是没有人要的土地，那么最终找不到金子就是意料之中了；但彼得又是一个很勤劳的人，他埋头苦干了六个月，把整个土地全翻了一遍，这又为下文土地长满小草埋下了伏笔，他的勤劳又为他领悟到勤劳才是真正的金子埋下伏笔。这样一来，结尾又是情理之中了。全文以金子为线索：寻找金子，没找到金子，找到真金子。篇末点题，给人留下深刻的印象。

思考寄语

    同学们，你们听说过陶朱公长子吝金害弟的故事吗?《史记》中记载说超级富翁陶朱公的二儿子因杀人而将被处死，陶朱公本来派小儿子带钱去救，但大儿子却一定要去，最后因吝惜钱财，使本来可以免死的弟弟最终被处死。陶朱公的解释很有道理："我本来就知道他必然要弄死他弟弟的。他并不是不爱他弟弟，而实在是不能忍心舍掉钱财。他打小与我住一块，亲见我谋生的艰难困苦，所以对钱财的舍弃十分看重；至于小儿子，他一出生就见我很富有。他乘的车很坚固，骑的马都是良马，经常外出狩猎。怎么知道财产是从哪来的，所以他轻而易举地挥霍掉钱财，而不觉得可惜。

我之所以打算派小儿子去,就是因为他能舍弃钱财的缘故。然而长子不能舍财,所以终究害了他弟弟,这是情理之中的事。"

的确,不是自己辛苦挣来的钱,人们是不会太珍惜的,而意外捡来的钱是更不会珍惜的,因为人们总是认为今天我可以一夜暴富,明天我也能捡更多的钱,因此其实那些捡到金子的人日子过得并不会好,当他们挥霍掉捡来的财富后,已经养成了不劳而获和大手大脚的习惯,当他们无法捡到金子后,他们的失落是可想而知的,他们的人生不再会感到幸福。由此可见,不要寄希望于一夜暴富,兢兢业业的工作,踏踏实实的生活,才是长久的幸福之道。

5 一分钟

诵读主体

著名教育家班杰明曾经接到一个青年人的求教电话,于是与那个向往成功、渴望指点的青年人约好了见面的时间和地点。

等到那位青年人如约而至时,班杰明的房门敞开着,眼前的景象令青年人颇感意外——班杰明的房间里乱七八糟、狼藉一片。

没等青年人开口,班杰明就招呼道:"你看我这房间,太不整洁了,请你在门外等候一分钟,我收拾一下,你再进来吧。"一边说着,班杰明就轻轻关上了房门。

不到一分钟的时间,班杰明又打开了房门并热情地把青年人让进客厅。这时,青年人的眼前展现出另一番景象——房间里的一切已变得井然有序,而且有两杯刚刚倒好的红酒,在淡淡的香水气息里还漾着微波。

可是，没等青年人把满腹的有关人生和事业的疑难问题向班杰明讲出来，班杰明就非常客气地说道："干杯。你可以走了。"

　　青年人手持酒杯一下子愣住了，既尴尬又非常遗憾地说："可是，我……我还没向您请教呢……"

　　"这些……难道还不够吗？"班杰明一边微笑着一边扫视着自己的房间，轻言细语地说，"你进来又有一分钟了。"

　　"一分钟……一分钟……"青年人若有所思地说，"我懂了，您让我明白了一分钟的时间可以做许多事情，可以改变许多事情的深刻道理。"

　　班杰明舒心地笑了。青年人把杯里的红酒一饮而尽，向班杰明连连道谢之后，开心地走了。

　　其实，把握好了生命中的每一分钟，也就是把握了理想的人生。

知人论世

　　纪广洋，男，是八宝门落地梅花冲煞拳的传承人和完善者，以及般若太极拳的集成开创者。五岁习武，博采众长，谨守一二，如今，在砖石地面上做单臂拳卧撑，左右拳均可以连做35个，做单臂单腿俯卧撑（右手和左脚着地，或者左手和右脚着地），左右手均能做15个。

　　十岁学诗，迄今已出版中文和译文版图书10部，作品入编沪教版《语文》、牛津版《中国语文》、清华版《GCT语文》、北大版《21世纪信息传播实验教材》、人教版《语文六年级下册教师教学用书》等教科书。现致力于国术国学方面的研究和写作。

　　他出版发行了《没有钥匙的锁》《没有彼岸的河》《禅知道答案》《烹禅煮佛》《叩佛问禅》《眼光是金行动是银》等中文简、繁体及哈萨克文图书10部，多部次多年度在国内（包括中国港台）及日美等国家荣登畅销书排行榜，多部图书被中国国家图书馆、中国台湾清华大学图书馆、牛津大学图书馆、纽约皇后区图书馆、德国国家图书馆、新加坡国家图书馆、加拿大麦吉尔大学图书馆等海内外多家图书馆收藏，入选共青团中央、教育部、新闻出版总署评选的"百套全国青少年喜爱的优秀图书"，入选国际在线《华夏文化》年终特刊评选的"2004感悟人生十本书"，入选中国"农家书屋"工程，入选中国书刊发行业协会评选的2008年度全国优秀畅销书，2009年有三部图书同时辑入中国首部作为国礼的电子书库礼盒《中华数字书苑》，入选2010年江苏省教育厅和语工委评选的"我与经典有约——我最喜欢的名言名句名篇名著"，入选2010年吉隆坡中华独立中学

业道酬精　职场赢家

阅读计划推荐书籍，入选2011年长春工业大学人文信息学院大学生素质培养阅读书目，入选2011年《羊城晚报》"爱读书会"荐书榜。本文选自他发表在《普通话水平测试实施纲要·朗读作品》的第50号作品。

阅读鉴赏

　　班杰明不愧是个大教育家，他深知言传不如身教的道理，因此他选择了以自己一分钟能改变一个房间的具体行动给青年人以最好的启示。很多时候讲出来的道理别人未必接受，而自己领悟出来的道理却往往能让人记一辈子。文章的标题是一分钟，而文中的一分钟不仅是指班杰明让青年人领悟出一分钟能做许多事情，可以改变许多事情，同时也暗示了班杰明仅用一分钟就解决了青年人的困惑，篇末更是深化了一步，点明了主题：把握好了生命中的每一分钟，也就是把握了理想的人生。构思的确精巧，也许读者们还可以悟出更多的道理。

思考寄语

　　时间是挤出来的，鲁迅说："我把别人喝咖啡的时间都用在了写作上。"成功者往往都是抓住所有时间的高手，与其有时间去抱怨时间不够，还不如现在就开始动手。不要小看短短的一分钟，一分钟就能决定一场战役的成败，一分钟有时就是生离死别，职场上领先别人一分钟，也许就是成功的关键。

6 我的信念

生活对于任何人都非易事，我们必须有坚韧不拔的精神。最要紧的，还是我们自己要有信心。我们必须相信，我们对每一件事情都具有天赋，并且，无论付出何种代价，都要把这件事完成，当事情结束的时候，你要能问心无愧地说："我已经尽我所能了。"

有一年的春天，我因病被迫在家里休息数周。我注视着我的女儿们所养的蚕正在结茧，这使我很感兴趣。望着这些蚕执着地、勤奋地工作，我感到我和它们非常相似。像它们一样，我总是耐心地把自己的努力集中在一个目标上。我之所以如此，或许是因为有某种力量在鞭策着我——正如蚕被鞭策着去结茧一般。

近五十年来，我致力于科学研究，而研究，就是对真理的探讨。我有许多美好快乐的记忆。少女时期我在巴黎大学，孤独地过着求学的岁月；在后来献身科学的整个时期，我丈夫和我专心致志，像在梦幻中一般，坐在简陋的书房里艰辛地研究，后来我们就在那里发现了镭。

我永远追求安静的工作和简单的家庭生活。为了实现这个理想，我竭力保持宁静的环境，以免受人事的干扰和盛名的拖累。

我深信，在科学方面我们有对事业而不是对财富的兴趣。我的唯一奢望是在一个自由国家中，以一个自由学者的身份从事研究工作。

我一直沉醉于世界的优美之中，我所热爱的科学也不断增加它崭新的远景。我认定科学本身就具有伟大的美。

157

业道酬精 职场赢家

玛丽·居里（居里夫人）（1867—1934）。法国物理学家、化学家，科学家。原籍波兰，原名玛丽亚·斯可罗多夫斯卡。生于波兰华沙。1891年进法国巴黎大学深造。巴黎大学理学博士。1895年与皮埃尔·居里结婚。他们共同就贝可勒尔在当时首先发现的放射性现象进行研究，先后发现镭和钋两种天然放射性元素。1906年，皮埃尔·居里逝世后，她继续研究放射性，获得成就，并著有《放射性通论》《放射性物质的研究》等，推动了原子核科学的发展。因对放射性现象的研究工作，1903年居里夫妇、贝可勒尔共获诺贝尔物理学奖，后1911年又获诺贝尔化学奖，从而成为科学史上一位富有传奇色彩的伟大科学家。她是巴黎大学的第一位女教授，是法国科学院第一位女院士，同时还被其他15个国家聘为科学院院士。她共接受过7个国家24次奖金和奖章，担任了25个国家的104个荣誉职位。居里夫人不贪图钱财和享受，只是为了科学的发展而奉献自己。1934年7月4日，因劳累，并长期与镭接触，这位伟大的科学家与世长辞了，但她的精神永远激励着后人。

阅读鉴赏

这篇文章从内容上看可以归纳为三个方面：宗旨、环境和工作，具体来说，第一，科学工作者需要探讨真理的精神，而不只是"谋求物质上的利益"；第二，科学工作需要自由，需要宁静，需要时间；第三，科学研究需要献身精神。

居里夫人是这样说的，也是这样做的。她把自己的科学事业称为"纯粹研究"，是纯粹为了探讨真理而研究的，丝毫不存名利之想。镭的发现，本可以获得一笔巨大的财富，然而居里夫妇淡然处之，连申请专利的热情也没有。为了安静，她淡泊名利，与世无争。为了赢得时间，居里夫人家庭生活力求简单，甘愿清苦，尽量减少家务。为了赢得时间，她甘于寂寞，即使处于青春时代，也不图青春的欢乐，专心致力于求学。她致力科学研究近五十年，专心致志，勤奋工作，持之以恒，终于取得伟大成就。

文章没有空讲大道理，只是通过自己的经历总结了自己取得成功的心得体会，叙述娓娓道来，没有丝毫夸张，却因为质朴，反而是内心的真诚流露。她对科学的爱发自内心，她淡泊名利，品德高洁，赢得了全世界的尊重。

一味地追求名利的人反而可能更容易失去名利，淡泊名利的人更容易得到他人的尊重。因为追求名利的人是不会爱生活，爱工作的，孔子说："知之者不如好之者，好之者不如乐之者。"只有以工作为乐，才会全身心地投入，从而取得更大的进步。居里夫人给我们作出了极好的表率，当代社会竞争激烈，如果不能树立热爱生活，热爱工作的信念，就很容易被淘汰。

7 让劳动光荣成为青年坚定信念

业道酬精 职场赢家

诵读主体

在刚刚过去的"五一"国际劳动节和已经到来的"五四"青年节，一个个关于劳动者和奋斗者的故事不断被传唱，这不仅是对个人与集体的肯定、对青年与青春的赞赏，更是对劳动与奋斗的肯定。

劳动是人类的本质活动。马克思在《德意志意识形态》中指出，劳动使人和动物具有了本质性的区别。正是在劳动中，人与人之间的社会关系得以形成，人类最终从自然界或自然状态中挣脱出来，获得了一个更广阔的社会向度。马克思将劳动视为社会的太阳，认为"只要社会还没有围绕着劳动这个太阳旋转，它就绝不可能达到均衡"。因此，要理解人类社会的产生、变化和发展，劳动具有根本性的认识论意义。

面对当前社会对"劳动"和"劳动者"的各种误读，以及弥散在社会的各种"不劳而获"观念，我们有理由再提"劳动光荣"，推进"劳动教育"，使其与"德""智""体""美"并行发展，真正形成人类社会教育的完整拼图。而敬畏劳动、尊重劳动者、争创劳动模范、树立正确的劳动观，对于成长中的青少年而言，既是必要的也是迫切的。

树立正确的劳动观，就是回到劳动应有的哲学语境和价值本位，让青少年深刻认识到劳动创造了人，创造了人类社会，也创造了人类文明。尤为重要的是，要让马克思主义教育深入人心，让青少年真正理解劳动的本义和内涵。只有回到劳动应有的价值本位，我们才能重新理解社会过程，重新认识社会阶层，从而打破片面的劳动观所制造的社会区隔体系，让全社会劳动者在劳动的意义上获得真正的平等。

树立正确的劳动观，就是充分认识劳动的价值本位与生命要义。劳动赋予生命以意义，同时也为生命铺设了行动的坐标与方向。苏联教育学家凯洛夫指出："劳动是人类社会生活的基础，是人的生活和幸福的源泉。"正是通过劳动，人成为社会中的人，成为社会关系中的人，人得以相对清晰地识别何为"生命的意义"；正是因为劳动，人的生命内涵和意义更加丰富，而个体的主体性恰恰是借助劳动实践得以确立的。

树立正确的劳动观，就是让"劳动光荣"的观念成为时代新风。按照马克思的观点，"劳动已经不仅仅是谋生的手段，而且本身成了生活的第一需要"。只有弘扬"劳动光荣"的荣辱观，给予劳动应有的肯定和褒奖，才能让青少年从根本上敬畏劳动，尊重劳动者。只有当"劳动光荣"的观念蔚然成风，进入人们情感结构的深处，我们才有更大的底气和理由谈劳动者的"获得感、幸福感、安全感"。

树立正确的劳动观，就是用"劳模精神"指引我们的社会实践。劳动模范是优秀劳动者的典型代表，是社会主义核心价值观的阐释者和践行者。劳模精神是劳动模范的思想内核和精神结构，其当代的重要品格构成是工匠精神。我们要用"劳模精神"践行工匠精神，勇做时代奋斗者。

在中华民族伟大复兴中国梦的时代主题下，我们需要弘扬"劳动光荣"观念，践行"劳模精神"，使其成为流淌在青少年血液中的价值基质。而社会也要创造健康的、公平的、正义的劳动环境和公共秩序，让劳动者真正"劳"有所得。

知人论世

刘涛，生于1981年，暨南大学新闻与传播学院教授，博士生导师，学校学术委员会委员。教育部霍英东青年教师基金、教育部霍英东青年教师奖、广东省五一劳动奖章获得者。科研上获教育部第七届高校科研优秀成果奖二等奖，第三届中国新闻传播学学会奖"杰出青年奖"；教学上获2018年国家级教学成果奖二等奖，第三届全国高校青年教师教学竞赛一等奖。目前兼任《中国教育报》专栏作者，作品两次获中国新闻奖一等奖。本文在2019年11月1日，荣获第二十九届中国新闻奖二等奖。

阅读鉴赏

这是一篇引领导向、明辨是非的优秀教育评论。评论针对人们对劳动的误解甚至轻视这一社会热点话题，结合对时代趋势的把握，提出"让劳动光荣成为青年坚定信仰"这一核心论点，呼吁全社会弘扬"劳动光荣"观念，践行"劳动精神"，使其成为流淌在青少年血液中的价值基质。评论观点鲜明，有理论深度，激发了社会共识，凝聚了社会力量。

今天人们狭隘地对劳动划出了高低贵贱之分，底层群体的劳动被视为一种低级的劳动形式，他们很难得到应有的社会尊重。

该评论提出，面对当前社会对"劳动"和"劳动者"的各种误读，以及弥散在社会的各种"不劳而获"观念，我们有理由再提"劳动精神"，呼吁"劳动光荣"，推进"劳动教育"，使其与"德""智""体""美"并行发展。评论突出了三个层面的特点。

第一，阐释劳动内涵，具有理论深度。为何要尊重劳动，劳动为何光荣？评论结合马克思主义相关论述，给出了科学的学理阐释。

第二，把握评论时机，回应现实热度。评论在"五四"青年节当天刊发，强调让劳动光荣、劳动精神上升为青年精神的一部分。

第三，提出劳动教育，体现观点精度。评论文章极其精准地提出并论述"劳动教育"，让劳动和德智体美并行发展。

马克思说："劳动创造了人"，梁启超在《敬业与乐业》中说："凡职业没有不神圣的""没有职业的懒人，简直是社会的蛀虫。"随着国家经济的飞速发展，我们父母也有了一定的积蓄，劳动已经不是我们谋生的手段，许多人开始放纵自己，视劳动为低贱。国家建设职业学校目的就是要培养高素质的劳动者，我们职业学校的学生更应该树立劳动光荣的思想，只有以劳动为荣，才有学习的动力，学好的技能才能在职场上有立身之本，从而实现自己的人生价值。

8 从罗丹得到的启示

诵读主体

我那时大约二十五岁，在巴黎研究与写作。许多人都称赞我发表过的文章，有些我自己也非常喜欢。我心里深深感到我还可以写得更好，我不能断定那症结的所在。一个伟大的人给了我一个非常伟大的启示。那件事虽然微乎其微，但是成为我一生的关键。

有一晚，我在比利时著名作家魏尔哈仑家里，一位年长的画家慨叹着雕塑美术的衰落。我年轻而好饶舌，热炽地反对他的意见。"就在这城里，"我说，"不是住着一个与米开朗琪罗相媲美的雕刻家吗？罗丹的《沉思者》《巴尔扎克像》，不是同用以雕塑他们的大理石一样永垂不朽吗？"

当我倾吐完了的时候，魏尔哈仑高兴地指指我的背。"我明天要去看罗丹，"他说，"来，一块儿去吧。凡像你这样称赞他的人都该去会他。"

我充满了喜悦，但第二天魏尔哈仑把我带到雕刻家那里的时候，我一句话也说不出。在老朋友畅谈之际，我觉得我似乎是一个多余的不速之客。

　　但是，最伟大的人是最亲切的。我们告别时，罗丹转向了我。"我想你也许愿意看看我的雕刻，"他说，"我这里简直什么也没有。可是礼拜天，你到麦东来同我一块吃饭吧。"

　　在罗丹朴素的别墅里，我们在一张小桌前坐下吃便饭。不久，他温和的眼睛发出的激励的凝视，他本身的纯朴，宽释了我的不安。

　　在他的工作室，有着大窗户的简朴的屋子，有完成的雕像，许许多多小塑样——一只胳膊，一只手，有的只是一只手指或者指节；他已动工而搁下的雕像，堆着草图的桌子，一生不断的追求与劳作的地方。

　　罗丹罩上了粗布工作衫，因而好像就变成了一个工人。他在一个台架前停下。"这是我的近作，"他说，把湿布揭开，现出一座女正身像。"这已完工了。"我想。

　　他退后一步，仔细看着，这身材魁梧、阔肩、白髯的老人。

　　但是在审视片刻之后，他低语了一句："这肩上线条还是太粗。对不起……"他拿起刮刀、木刀片轻轻滑过软和的黏土，给肌肉一种更柔美的光泽。他健壮的手动起来了；他的眼睛闪耀着。"还有那里……还有那里……"他又走回去修改了一下。他把台架转过来，含糊地吐着奇异的喉音。时而，他的眼睛高兴得发亮；时而，他的双眉苦恼地蹙着。他捏好小块的黏土，粘在像身上，刮开一些。

　　这样过了半点钟，一点钟……他没有再向我说过一句话。他忘掉了一切，除了他要创造的更崇高的形体的意象。他专注于他的工作，犹如在创世的太初的上帝。

　　最后，带着舒叹，他扔下刮刀，以一个男子把披肩披到他情人肩上那种温存关怀般地把湿布蒙上女正身像，于是，他又转身要走，那身材魁梧的老人。

　　在他快走到门口之前，他看见了我。他凝视着，就在那时他才记起，他显然对他的失礼而惊惶。"对不起，先生，我完全把你忘记了，可是你知道……"我握着他的手，感谢地紧握着。也许他已领悟我所感受到的，因为在我们走出屋子时他微笑了，用手抚着我的肩头。

　　在麦东那天下午，我学得的比在学校所有的时间都多。从此，我知道凡人类的工作必须怎样做，假如那是好而又值得的。

　　再也没有什么像罗丹全然忘记时间、地方与世界那样使我感动。那时，我感悟到一切艺术与伟业的奥妙——专心，完成或大或小的事业的全力集中，把易于弛散的意志贯注在一件事情上的本领。

于是，我察觉我至今在我自己的工作上所缺少的是什么——那能使人除了追求完整的意志之外把一切都忘掉的热忱，一个人一定要能够把他自己完全沉浸在他的工作里。没有——我现在才知道——别的秘诀。

知人论世

斯蒂芬·茨威格是奥地利著名作家、小说家、传记作家。擅长写小说、人物传记，也写诗歌戏剧、散文特写和翻译作品。以描摹人性化的内心冲动，比如骄傲、虚荣、妒忌、仇恨等朴素情感著称，煽情功力十足。他的小说多写人的下意识活动和人在激情驱使下的命运遭际。他的作品以人物的性格塑造及心理刻画见长，他比较喜欢某种戏剧性的情节。但他不是企图以情节的曲折、离奇去吸引读者，而是在生活的平淡中烘托出使人流连忘返的人和事。

罗丹，法国雕塑艺术家。主要作品有《思想者》《青铜时代》《加莱义民》《巴尔扎克像》等。罗丹与众不同的创造性观点，使他在同时代的环境中，早已超越他人，更被许多现代艺术的大师作为研究的对象。

阅读鉴赏

作者为我们刻画了一个艺术家的形象：罗丹为修理一尊已经完成了的雕塑作品，竟把特意邀请来的客人忘在了一边。作者选取了具有典型意义的事件来表现罗丹工作专心致志、精益求精、浑然忘我的精神，这个最能充分反映人物精神品质的事件，犹如雕刻作品时一道透着人物特征的有力刀痕，重重地显示在人物形象上面。

除了选用典型事例外，作者还通过神态、动作、语言等描写，着力刻画人物形象。作者惜墨如金，但并不回避细节描写，哪怕是工作室里的许多小塑样，也成了用来表现人物性格的旁衬。至于人物本身，作者写得更充分：写罗丹的"温和""纯朴"，写罗丹的工作衫……特别是抓住了罗丹的神态、动作特点来写。例如，"时而，他的眼睛高兴得发亮；时而，他的双眉苦恼地蹙着"，生动具体地说明罗丹在修改作品时全身心地投入艺术境界中，为成功而兴奋，为没有达到理想境界而苦恼。"以一个男子把披肩披到他情人肩上那种温存关怀般地把湿布蒙上女正身像"，生动地写出了雕塑家对作品的极其珍视、爱护，对艺术的热爱、深情。特别是罗丹完成雕像后走到门口时，"他看见了我，他凝视着"，凝视了一会儿，才记起是自己的客人，于是为自己的失礼而惊惶；在走出屋子时，他"微笑"

了。通过这一系列举止、神态描写，罗丹这位工作专心致志、待人平易谦和的艺术家形象便栩栩如生。

思考寄语

　　文章记叙作者年轻时游历巴黎的一段经历：自己的文章得到了好评，但觉得还能写得更好，只是还"不能断定那症结的所在"。这时，作者有幸结识了罗丹，从他身上得到了宝贵的启示，"参悟到一切艺术与伟业的奥妙——专心，完成或大或小的事业的全力集中，把易于弛散的意志贯注在一件事情上的本领"，这是干好一切事业的普遍规律。作品借艺术家的生活逸事来表现人生哲理和艺术真谛，用艺术的慧眼和独到的思想对所写的内容作哲理的升华。

9　戴车匠

诵读主体

　　戴车匠是东街一景。

　　车匠是一种很古老的行业了。中国什么时候开始有车匠，无可考究。想来这是很久远的事了。所谓车匠，就是在木制的车床上用旋刀车旋小件圆形木器的那种人。从我记事的时候，全城似只有这一个车匠，一家车匠店。车匠店离草巷口不远，坐南朝北。左邻是侯家银匠店，右邻是杨家香店。戴家车匠店夹在两家之间。门面很小，只有一间，地势却颇高。跨进门槛，得上五层台阶。因此，车匠店有点像个小戏台（戴车匠就好像在台上演戏）。店里正面是一堵板壁。板壁上有一副一尺多长、四寸来宽的小小的朱红对子，写的是：

室雅何须大，花香不在多。

不知这是哪位读书人的手笔。但是看来戴车匠很喜欢这副对子。板壁后面，是住家。前面，是作坊。作坊靠西墙，放着两张车床。这所谓的车床和现代的铁制车床是完全不同的。就像一张狭长的小床，木制的，有一个四框，当中有一个车轴，轴上安小块木料，轴下有皮条，皮条钉在踏板上。双脚上下踏动踏板，皮条牵动车轴，木料来回转动，车匠坐在坐板上，两手执定旋刀，车旋成器，这就是中国的古式车床——其原理倒和铁制车床是一样的。

靠里的车床是一张大的，那还是戴车匠的父亲留下的。老一辈人打东西不怕费料，总是超过需要的粗壮。这张老车床用了两代人，坐板已经磨得很光润，所有的榫头都还是牢牢实实的，没有一点活动。戴车匠嫌它过于笨重，就自己另打了一张新的。除了做特别沉重的东西，一般都使用外边较小的这一张。戴车匠起得很早。在别家店铺才卸下铺板的时候，戴车匠已经吃了早饭，选好了材料，看看图样，坐到车床的坐板上了。一个人走进他的工作，是叫人感动的。他这就和这张床子成了一体，一刻不停地做起活来。看到戴车匠坐在床子上，让人想起古人说的："百工居于肆，以成其事。"中国的工匠，都是很勤快的。好吃懒做的工匠，大概没有或很少。

车匠的木料都是坚实细致的，檀木——白檀、紫檀、红木、黄杨、枣木、梨木，最次的也是榆木的。戴车匠踩动踏板，执刀就料，旋刀轻吟着，吐出细细的木花。木花如书带草，如韭菜叶，如番瓜瓢，有白的、浅黄的、粉红的、淡紫的，落在地面上，落在戴车匠的脚上，很好看。住在这条街上的孩子多爱上戴车匠家看戴车匠做活，一个一个，小傻子似的，聚精会神，一看看半天。

孩子们愿意上戴车匠家来，还因为他养着一窝洋老鼠——白耗子，装在一个一面有玻璃的长方木箱里，挂在东面的墙上。洋老鼠在里面踩车、推磨、上楼、下楼，整天不闲着——无事忙。戴车匠这么大的人了，对洋老鼠并无多大兴趣，养来是给他的儿子玩的。

一到快过清明节，大街小巷的孩子就都惦记起戴车匠来。

这里的风俗，清明那天吃螺蛳，家家如此。孩子们除了吃，还可以玩——用螺蛳做弓把，戴车匠每年照例要给他的儿子做一张特大号的弓，所有的孩子看了都羡慕。

戴车匠眯缝着眼睛看着他的儿子坐在门槛上吃螺蛳，把螺蛳壳用力地射到对面一家倒闭了的钱庄的屋顶上，若有所思。

他在想什么呢？

他的儿子已经八岁了。他该不会是想：这孩子将来干什么？是让他也学车匠，还是另学一门手艺？世事变化很快，他隐隐约约觉得，车匠这一行恐怕不能永远延续下去。

1981年，我回乡了一次（我去乡已四十余年）。东街已经完全变样，戴家车匠店已经没有痕迹了——侯家银匠店，杨家香店，也都没有了。

也许这是最后一个车匠了。

知人论世

汪曾祺（1920—1997）江苏高邮人。我国著名作家、小说家、散文家、戏剧家。他的小说《受戒》和《大淖记事》都曾获奖，一些作品还被翻译到国外。他还曾创作和改编了京剧《范进中举》《王昭君》及现代京剧《沙家浜》等。如今，汪曾祺平中显奇，淡中有味的作品，备受众多读者的真心喜爱，并在海外产生越来越广泛的影响。剧作家沙叶新评价他的作品是"字里行间有书香味，有江南的泥土芳香"，可见喜悦之情溢于言表。

阅读鉴赏

作者使用正侧面描写相结合介绍了戴家车匠店。例如，介绍了戴车匠作坊和两张车床，靠里的大车床是戴车匠父亲留下的；戴车匠嫌它过于笨重，就自己另打了一张新的，戴车匠一般都使用较小的一张。戴车匠起得很早，十分勤劳，这里正面描写了戴车匠之勤劳；随后作者引用古人之言"百工居于肆，以成其事"，赞颂了中国的工匠之勤快，就将戴车匠置于"百工"之中，从而众星拱月，映衬了戴车匠，这一段使用了正侧面描写相结合的手法。

作者使用抒情笔调描写了戴车匠的工作状态，"旋刀轻吟着，吐出细细的木花""木花如书带草，如韭菜叶，如番瓜瓤，有白的、浅黄的、粉红的、淡紫的"。这一段使用了鲜活动词如"踩""执刀""就料""吐出"，色彩鲜明的形容词，如"白的、浅黄的、粉红的、淡紫的"，从而形象地写出了戴车匠在车床上刨木时娴熟的动作和戴车匠刨木时木花飞舞灵动的景象；尤其是作者恰当地运用比喻、拟人、排比手法，刻画了戴车匠车工技艺的高超，表达了对戴车匠技艺的赞赏；于是就吸引了孩子们前来观赏，并埋下了伏笔。特别"小傻子似的"描写，烘托出戴车匠高超的车工技艺。

167

业道酬精　职场赢家

中国曾有不少的工匠，他们凭着自己的勤劳和精湛的手艺，养活了一代又一代人。现在随着科技的发展，批量生产，效率成了关键，世代传承的工匠越来越少，少了那种岁月沉淀、世代耕耘出的巧夺天工。大概一个产物的兴起终究会使一个时代落下帷幕。现在中国强调的工匠精神大概也算是对那个时代的另一种传承。我们还应该看到。作者首先肯定人的存在意义。它推崇技艺，是因为技艺能助人，让人空洞无聊的生活增加颜色，而不是用技艺囚禁人，用人的牺牲为技艺增光，人役物而不役于物。

10 厕所里有珠宝

诵读主体

他13岁那年因为家境贫穷，背井离乡到了澳门，到父亲的一个好朋友的金铺去做小工。他每天几乎都是第一个到公司，扫地、擦灰尘、倒痰盂、洗厕所……小工的工作琐碎而辛苦，但他每一项工作都做得一丝不苟，他总是在开店之前将地板拖得亮如明镜，将柜台擦拭得一尘不染，从不因为卑贱而懈怠，也从不因为脏累而抱怨。员工们纷纷表示，他到来之后是金铺卫生最好的时期。因为厕所被他打扫得过于干净的缘故吧，一天，一名没有吃早餐的员工躲到厕所里偷吃零食被金铺老板发现。老板并没有处罚那名偷吃零食的员工，而是将做小工的他叫到办公室，问他为什么对金铺最低级的小工工作能如此认真、用心。他紧张得脸涨得通红。嗫嚅了半天才说道："如果连小工都做不好的话，其他工作一定也做不好。"

老板笑了笑，让他出去了。此后，他仍旧每天尽职尽责地对待着自己的工作，并在工余时间帮助大工们打下手。

渐渐地，他对金铺的其他工作也熟悉起来。三年后，老实勤恳又上进的他被提升为金店掌管，老板在解释提升他的原因时说道："一个能够认认真真将厕所都打扫得可以让人躲进去吃零食的小工，做任何事情都会认真负责。"又三年后，金铺老板宣布将自己唯一的女儿嫁给他，他这时候才知道，老板和他的父亲是患难之交。在他的母亲怀他的时候，老板的妻子也恰好怀孕，他的父亲和老板那时候就为还没有出世的他同还没有出世的老板的女儿"指腹为婚"了。

这个人就是香港新世界集团创始人，曾以300亿港元身价位列香港第三富豪的郑裕彤。有媒体采访郑裕彤，询问他成功的要诀时，他微笑着说道："做一名最出色的小工。"

知人论世

郑裕彤（1925—2016），广东顺德伦教镇出生，中国香港特别行政区企业家，周大福集团及新世界发展创办人。福布斯公布的2017亚洲富豪家族排行榜，其家族资产为255亿美元。郑裕彤家族是香港四大家族之一。

阅读鉴赏

郑裕彤在事业上的成功，有很多原因，但主要还是归功于他的勤奋和非凡的商业头脑。郑裕彤曾经将自己的处世和商业智慧总结为"二十三字箴言"，即"守信用、重诺言、做事勤恳、处事谨慎、饮水思源、不见利忘义"。在郑裕彤看来，这二十三个字是一个有机整体，缺一不可。在"二十三字箴言"中，"勤"字是核心，也是郑裕彤常年如一日所身体力行的。郑裕彤工作繁忙，一天工作的时间往往在12小时以上，即使到晚年，也依然在努力工作，他的成功可以说是勤劳致富的最佳代表。郑裕彤曾说："人纵有运气，但不可能一世都鸿运当头。幸运只不过是一次两次，而不会永远存在，所以'勤'最重要。"郑裕彤还认为，做生意要拒绝投机，脚踏实地，凭眼光抓住有利时机，这才是发家致富的根本，投机绝不是正道。

郑裕彤还有一个优点，那就是善于在具体的业务中学习。郑裕彤最开始进周大福珠宝行工作时，是从练习生做起的。当时，他就经常去别的珠宝店认真观察，努力学习别人的优点，弥补自己的缺陷。

对于每个人来说，最难做到两件事：一件是最小的事，另一件是最大的事。只有做好了最小的事，才可能有机会做最大的事、做好最大的事。

11 不要让瑕疵影响一生

诵读主体

　　萨姆·沃尔顿的父亲是一名贫穷的油漆工，仅靠微薄的打工收入供他念完高中。这一年，他有幸被美国著名的耶鲁大学录用，但他却因缴不起学费，面临辍学的危机。于是，他决定利用假期像父亲一样外出做油漆工，以挣够学费。他四处揽活，终于接到了一栋大房子的油漆任务。虽然主人很挑剔，但给的价钱不低，不但够缴一学期的学费，甚至连生活费也有了。

　　这天，眼看马上完工，他把拆下来的橱门板最后一遍油漆，一块块橱门板刷好后再支起来晾干。这时，门铃响了，他抓紧去开门，不想却被一把扫帚绊倒，绊倒的扫帚又碰倒了一块橱门板，而橱门板正好倒在昨天刚粉刷好的雪白的墙面上，墙上马上有了一道清楚的漆印。他马上把这条漆印用切刀切掉，又调了些涂料补上。一切干好后，他左看右看，总觉得新补上的涂料色调和原来的墙壁不一样。想到挑剔的主人，为了那马上得到的酬劳，他觉得应该将这面墙重新粉刷。

　　累死累活地干完了。可第二天一进门，他又发觉昨天新刷的墙壁与相邻的墙壁之间的颜色也有色差，而且越细看越明显。最后，他决定将所有的墙壁重刷……

　　最后，主人很中意，付足了他的酬劳。但对他来说，除去涂料费用，他已所剩无几,根本不够缴学费。

主人的女儿不知怎么知道了原委,便将事情告诉了他的父亲。主人知道后很是感动,在女儿的要求下同意赞助他上完大学。大学毕业后年轻人不但娶了主人的女儿为妻,而且走进了主人所在的公司。

十多年后,他成了这家公司的董事长。他就是如今拥有世界500多家沃尔玛零售超市的萨姆·沃尔顿。

一点失误可以产生一个瑕疵,一个瑕疵可以损坏一面墙壁,一面墙壁又可以损坏所有的墙壁,而所有的墙壁却可以影响一个人的一生……

瑕疵造就的结果不在瑕疵本身,而恰恰在于我们面对瑕疵的态度。

知人论世

萨姆·沃尔顿(1918—1992),全球闻名的沃尔玛公司是由萨姆·沃尔顿创立的,经过几十年的奋斗,成为全球最大的零售业王国。萨姆·沃尔顿有两个非常重要的理论,沃尔玛之所以能成为沃尔玛,就是沃尔顿先生以其超人的预见性总结了两个至今仍称为经典的理论,女裤理论和日落原则,具有划时代的创新意义!

萨姆的"女裤理论"就是沃尔玛营销策略的最好说明:女裤进价0.8美元,售价1.2美元。如果降价到1美元,我会少赚一半的钱,却能卖出3倍的货。"日落原则"是沃尔玛公司的标准准则,它指的是今日的工作必须在今日日落之前完成,对于顾客的服务要求要在当天予以满足,做到日清日结,绝不延迟。不管是来自小乡镇的普通顾客,还是来自繁华商业区的阔佬,日落原则的核心就是立即服务,这一原则是与尊重个人、注重顾客服务及精益求精的信念一脉相承的。沃尔玛公司认为,他们的顾客生活在一个日益繁忙的世界里,每个人都在为各自的生计忙碌着,日落原则能够体现出沃尔玛公司时刻为顾客着想的经营宗旨。

思考寄语

一点失误可以产生一个瑕疵,一个瑕疵可以损坏一面墙壁,一面墙壁又可以损坏所有的墙壁,而所有的墙壁却可以影响一个人的一生……瑕疵造就的结果不在瑕疵本身,而恰恰在于我们面对瑕疵的态度。在我们漫长的人生旅途中,态度决定一切。

业道酬精 职场赢家

12 轮椅作家写出爱的传奇
——自强不息好青年标兵

梦想并非海市蜃楼，因为它植根于生活；

奋斗并非初生牛犊，因为它须历经沧桑，彩虹总在雨后。

凤凰涅槃，让人惊叹的是她的绚烂多彩，

而真正触动心弦的，是那灰烬中的生机。

自己采访自己，犹豫了好久不知从何落笔。因为想表达的，太多；想感恩的，也太多；又岂是一篇文章所能诠释？而当全部初稿完成，我又陷入矛盾之中：与其他几位标兵相比，我用在自己身上的笔墨略显过多，这样合适吗？

于是我在取舍中纠结，想给文章做删减，最后却发现："子燕"并不是以单纯的"一个人"出现的，每个人的人生都离不开亲情、友情、爱情和社会大爱，删除哪个，都会令"子燕"变得不够完整。

正如颁奖典礼现场，我郑重地把奖杯献给我爱人那样，我一直真心觉得：荣誉不属于"子燕"一个人，更应该属于所有陪伴"子燕"追梦的善良的人们。所以，我以真诚的文字，记录下真实的点点滴滴。

感谢团省委给予我"好青年"这个称号，让我的生命又有机会行走在美好的青春时光里！

知人论世

李凤燕，笔名李子燕，1974年出生。现为中国作家协会会员，吉林省榆树市作家协会主席，吉林省残疾人作家协会主席。她的青春梦想是：用我的文字和微笑，温暖每一个拥有梦想、拥有爱的心灵。

　　20世纪70年代，李子燕出身于吉林省榆树市的一个农家，而不幸的是这位小女孩高位截瘫，无法和正常人一样行走，但是李子燕从小学习刻苦，写作优秀，在轮椅上读了很多书，写了很多作品。与爱她的周志东喜结连理，为了供儿子上学，坐轮椅的李子燕也依然打工挣钱。网络时代，她学会了在网上创作诗歌、散文、随笔。都说天道会酬勤，李子燕的勤奋和努力，得到网站和读者的认可，她的原创文学作品也更加活力四射。突然有一天，意外收到中国作家协会鲁迅文学院的通知书，她被邀请去参加第二届网络作家培训班。

　　鲁迅文学院之行仿佛一道霞光，唤醒了李子燕停留在十八岁的韶华和梦想，让她真正感到"文学无界线，梦想无界线"。学习归来，吉林省作家协会正式吸纳她为会员，让她有机会接触到传统文学界的师友，从此在传统文学领域，也慢慢有了一些收获。李子燕的勤奋，创作成绩突出，很快引起新闻媒体的关注。2011年1月，《长春晚报》以整版篇幅，详细报道了她的事迹，他们一家三口在天安门前的大照片，温暖和感动了很多读者。2012年2月26日，央视12频道《道德观察》栏目的编导专程从北京飞到长春榆树，以"因为爱情"为题报道了她和周志东的奋斗历程。最喜欢主持人路一鸣的解说："问世间，情为何物，直教人生死相许？"

　　除了亲情、友情、爱情，李子燕心里还装满了沉甸甸的社会大爱。永远难忘，《左手爱》正式出版后，来自家乡吉林省长春市和榆树市的父老乡亲，纷纷抢购这本书，帮助她做宣传推广，给予她莫大的鼓励和支持。而在吉林省外，贵州等地残联也与当地书店联合，举行了各种形式的图书义卖，所得善款全部捐给当地残疾人福利基金会，让《左手爱》在"爱"中传递……

　　正如她在散文《雨燕》中写的那样："当春天的触手再一次将第一棵草芽从软泥中唤醒，我听到雨燕快乐地呢喃。这是热切而温情的呼唤，鼓足勇气去踩踏脚下的荆棘，我惊喜地发现：原来心灵依然鲜活，流着血的疼痛让我再次燃起炙热的梦想。"是的，李子燕用她的勤劳、善良、天赋感动了每一位读者，她希望能给更多人带来信念，她将始终带着这份对文字的热爱，对生活的赤诚拥抱生活，过好每一天。

13 青春万岁（序诗）

所有的日子，所有的日子都来吧，
让我编织你们，用青春的金线，
和幸福的璎珞，编织你们。
有那小船上的歌笑，月下校园的欢舞，
细雨蒙蒙里踏青，初雪的早晨行军，
还有热烈的争论，跃动的、温暖的心……
是转眼过去了的日子，也是充满遐想的日子，
纷纷的心愿迷离，像春天的雨，
我们有时间，有力量，有燃烧的信念，
我们渴望生活，渴望在天上飞。
是单纯的日子，也是多变的日子，
浩大的世界，样样叫我们好惊奇，
从来都兴高采烈，从来不淡漠，
眼泪，欢笑，深思，全是第一次。
所有的日子都去吧，都去吧，
在生活中我快乐地向前，
多沉重的担子我不会发软，
多严峻的战斗我不会丢脸；
有一天，擦完了枪，擦完了机器，擦完了汗，
我想念你们，招呼你们，
并且怀着骄傲，注视你们。

知人论世

《青春万岁》是王蒙创作的长篇小说，动笔于1953年，小说的部分章节于1957年在《文汇报》《北京日报》上发表，1979年5月，由人民文学出版社首次正式出版。

小说以高昂的革命乐观主义精神向读者展示了20世纪50年代初期北京女七中（现东直门中学）高三女生热情洋溢的青春生活，刻画了一批成长于新旧交替时代的青年人特有的精神风貌：她们有理想，有热情，对生活积极乐观，"用青春的金线"和"幸福的缨珞"编织属于她们的日子。小说采用了色调鲜明的对比衬托手法，表现了不同社会制度下人物的命运，歌颂了青春的力量。

阅读鉴赏

《青春万岁》中洋溢着浓郁的青春气息，充满了理想主义色彩。在小说中，共和国的成立激发了人们对未来的憧憬，革命的种子注入了青年的血液，与她们生命的意义发生联系。在最青春最纯洁的时光中，她们满怀憧憬地向往着共产主义的大热潮。杨蔷云、郑波等人是王蒙"少年布尔什维克"情结的外化，她们加入学生自治会，参加集体游行，爱国爱党爱人民。她们作为党、团的青年学生干部，关心轻视政治的落后分子，鼓励出身于资产阶级家庭的学生揭露家庭罪恶，清除受外国教会荼毒的"反革命"分子，谱写着50年代的青春之歌。小说的主流是激情的、理想主义的、集体主义的，即使有忧郁的个人的内涵的东西，也能比较容易"融入"大局的时代洪流，而这种忧郁的个人内涵的情愫在"融入"的过程中则沉淀净化，升华为诗意，这种诗意以乐观主义为主导。

同时，作者在小说中着重强调了青春对生活的力量。首先，青春有鉴别生活的能力。小说表现了不同社会制度下人物的命运，将光明与黑暗、开朗与压抑、欢乐与阴郁等截然不同的人生感悟传递给读者。这不仅说明作者对生活有明确的判断，也反映他对青春向上的品格充满了自信，他相信这种品格对生活中美与丑、善与恶具有敏锐的鉴别能力。其次，青春有选择生活的力量。以郑波、杨蔷云等为代表的人物富于青春的热情、锐气和力量，得以尽早地从以往生活的"痕迹"中得到超拔，拥抱革命的新时代。最后，青春潜藏着一种改变生活、预示未来的热能。小说描写苏宁的家庭保留着与时代不相协调的气氛：虚伪的谦卑，抑郁的沉闷，寂寞的苦涩。但当性格爽朗阳光的杨蔷云迈进这座四合院，给人的感觉宛若一阵清风刮过发霉的角落。

14 三个建筑工人的"砌墙"命运

诵读主体

　　有一天，一位记者来到某建筑工地采访，工地里有三位工人正在砌墙，记者问他们："你们在干什么呀？"

　　第一个建筑工人头也没抬，没好气地说："你连这个也不知道？我们在砌墙！"第二个建筑工人抬起头来告诉记者："我们正在盖一幢楼房。"第三个建筑工人一边干活一边唱歌，脸上的笑容像一朵花，他热情洋溢地说："我正在打造一座美丽的城市！不久的将来，人们会在这个人间仙境里幸福地生活。"

　　10年时间过去了，记者在整理自己过往采访档案时，突然看到了那一份当年的采访记录。三个不同的回答让他产生强烈的好奇心，想去看看这三位建筑工人现在的生活。

　　多方打听，历经周折，他终于在另一个工地找到了这三个建筑工人，但看到的结果却令他大吃一惊。10年时间悄然过去，第一个人依然是一名普通的建筑工人，仍然在干着砌墙的活儿；第二个人则成了这支建筑队的队长，至于第三个工人，记者花费不少工夫才找到他，现在他已成了这家房地产公司的经理，前面两位都在他旗下的公司打工。

知人论世

这是一则流传很久很广的故事，无论在教材、作文、讲座、演讲还是网络上，不时能看到它的"身影"。尽管素材不尽相同，但基本内容大同小异，相信它一定有着较为真实的来源。事实上，任何听说过这则故事的人，都从来没有质疑过它的真实性，为什么？因为在现实生活中，类似的人生发展结局太多了，发小、同学、朋友、同事、闺密等圈层，甚至为了某项工程、项目、任务、事业，一群年龄资历相仿、来源于不同地方或渠道的人会聚在一起，基础条件差不多，也没有特别出众或劣势的个体，但所谓大浪淘沙，到最后大多走向了不一样的发展之路。这，很值得我们尤其是年轻人深思。

阅读鉴赏

故事很短，却发人深省。同样的工作为什么会有如此悬殊的结果？

不难看出，第一个人是在为老板工作，心理极度不平衡，觉得做多做少工资是一定的，是机械工作；第二个人是在为养家糊口而工作，是位有责任心的人，对从事的砌墙工作很满足，也很敬业，能从单调的工作中寻找到乐趣，心态平和，属于认真工作；而第三个人却是在为自己的事业工作，因为他具有很高的追求和远大的理想抱负，对从事的工作积极乐观，对自己从事工作的心态非常积极向上，是愉快工作！

有人说，思想有多远，理想目标有多高，胸怀格局有多大，我们的人生之路就有多长。站在同一条起跑线上，态度、格局和理想决定一切；用美好的心情感触生活，享受工作的乐趣，你手头的小工作其实正是大事业的开始，能否意识到这一点意味着你能否做成一项大事业。成功的人总是目光远大，有理想，有自己的人生奋斗目标，不会只看到眼前的困境而碌碌无为，也不会安于现状而饱食终日。

我们每天都在工作，每天的工作都很平凡，我们要像第三个工人那样，愉快地工作，看到自己工作的伟大意义，就一定能做好，一定能成功。

另外，如果我们用"自我期望""自我启发"和"自我发展"三个指标来衡量这三个建筑工人，我们会发现：第一个工人的自我期望值太低，没有大的志向，在职场上，此人缺乏自我启发的自觉和自我发展的动力，属于我们常说的安于现状的人：三亩地，一头牛，老婆孩子热炕头。

第二个工人的自我期望值过高，有点好高骛远，在团队中，此人很可能是个特立独行、"笑傲江湖"式的人物。但是也可能会成为"小姐身子丫鬟命"的不得志的清高人士。

第三个工人的目标才真正与工程目标、团队目标高度吻合，既现实又有理想。他的自我启发意愿与自我发展行为，才会与组织目标的追求形成和谐的合力。这就是脚踏实地的理想主义者。

人的一生需要有一个明确的目标，有了目标便有了希望，而有了希望才会有奋斗的动力。一个没有目标的人，就像是一艘没有舵的船，永远漂泊不定，无法到达成功的彼岸；一个没有目标的人，就像是断了线的风筝，没有方向，茫然不知何去何从；一个没有目标的人，就像一只无头苍蝇，在寻求成功和财富的道路上必定会撞得头破血流。

思考寄语

著名作家柳青有句名言："人生的道路虽然漫长，但紧要处常常只有几步，特别是当人年轻的时候。"无论在任何情况下，尤其是在我们年轻将要开启一段人生之旅的时候，我们最好要问自己以下三个问题：我想做什么？我能做什么？我该做什么？

我们经常听人说，你的心有多大，这个世界就有多大；你的胸襟有多宽广，你的人生舞台就有多宽广；你的理想目标有多高远，你为之奋斗的动力有多强，你将来的成就就会有多大。谨以蒲松龄撰写的自勉联与大家共勉：

有志者、事竟成，破釜沉舟，百二秦关终属楚；

苦心人、天不负，卧薪尝胆，三千越甲可吞吴。

15 首位中国航天员杨利伟

杨利伟出生在辽宁省绥中县。绥中靠近渤海湾。大海养育了杨利伟，同时也塑造了他刚毅质朴、沉静温雅的性格。儿时，面对蓝色的大海，他有一个梦想，希望有一天，能像海鸥那样，向着蓝天飞去。

1996年的初夏，杨利伟接到通知，参加航天员初选体检。经过了"苛刻"的训练选拔，2003年7月，被授予三级航天员资格。接着杨利伟全身心地投入了"强化训练"。"飞船模拟器"成了杨利伟的"家"。飞船模拟器是在地面等比例真实模拟飞船内环境、对航天员进行航天飞行程序及操作训练的专业技术训练场所。飞船从发射升空到进入轨道，再到调姿返回地球，持续时间达几十个小时甚至上百个小时，飞行程序指令上千条，操作动作有100多个。舱内的仪表盘

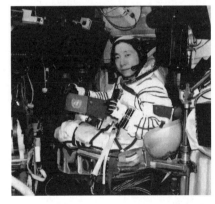

红蓝指示灯密密麻麻，各种线路纵横交错，各种设施星罗棋布。要熟悉和掌握它们，并能进行各种操作和故障排除，只有靠反复演练。于是，杨利伟把能找到的舱内设备图和电门图都找来，贴在宿舍墙上，随时默记。他还用小型摄像机把座舱内部设备和结构拍录下来，输入电脑，刻制了一个光盘，业余时间有空就放来看。

他自信地告诉记者："现在我一闭上眼睛，座舱里所有仪表、电门的位置都能想得清清楚楚；随便说出舱里的一个设备名称，我马上可以想到它的颜色、位置、作用；操作时要求看的操作手册，我都能背诵下来，如果遇到特殊情况，我不看手册，也完全能处理好。"

后来，在5次正常飞行程序考试中，他取得了1个99.5分，1个99.7分，3个100分的好成绩，专业技术综合考评排名第一。正因为杨利伟对飞船飞行程序

和操作程序烂熟于心,在21小时23分钟的飞天之旅中,他的全部操作没有出现一次失误。

他于2003年10月15日执行中国首次载人航天任务。杨利伟在太空飞行中的杰出表现,让世界再次对中国及中国的航天英雄刮目相看。

知人论世

杨利伟,男,汉族,1965年6月21日出生于辽宁省葫芦岛市绥中县,毕业于中国人民解放军航空大学,中国共产党党员,中国人民解放军少将军衔,特级航天员。现任第十三届全国政协委员、中国载人航天工程副总设计师。

历任中国航天员科研训练中心副主任,载人航天工程航天员系统副总指挥,中央候补委员,中国载人航天工程办公室主任,中国培养的第一代航天员,是中国进入太空的第一人。杨利伟在原空军部队安全飞行1350小时之久。

2003年10月15日北京时间9时,杨利伟乘由长征二号F火箭运载的神舟五号飞船首次进入太空,象征着中国太空事业向前迈进一大步,起到了里程碑的作用。

阅读鉴赏

公元2003年10月15日,是13亿中国人民永远难忘的日子。这一天,杨利伟同志作为"中华飞天第一人"乘坐我国自主研制的"神舟五号"载人飞船顺利飞入太空并于第二天成功返回地面。这一非凡壮举是我国航天史上具有重大意义的里程碑,充分展示了中国科技事业的飞速发展,标志着我国综合国力的进一步提升,极大地振奋了民族精神。

杨利伟被选为中国首次载人航天飞行首飞梯队成员,并作为我国第一位探索太空的勇士,肩负着祖国和人民的重托,实现了中华民族的千年梦想。

作为我国自己培养的第一代航天员,他在执行任务中沉着冷静,英勇果敢,准确操作,圆满完成了震惊世界的太空之旅,充分表现了人民军队的光荣传统和大无畏革命精神,谱写了我国航天史上的崭新篇章。

杨利伟探索太空的成功壮举，极大地鼓舞了全国人民加快改革开放和现代化建设的热情。亲爱的同学们，让我们以他为榜样，树立远大的理想，努力学习，顽强拼搏，热爱家乡，建设家乡，报效祖国，为实现中华民族的伟大复兴作出新的贡献！青春是美好的，奋斗的青春更美丽！

当我们翻开中国历史，我们可以看到，在中华民族曾经历过的无数磨难中，我们的人民，从来都没有动摇过战胜所有困难的信心和意志，中国已经在上下5000年历史探索的发展中，逐渐形成了以爱国主义为核心的团结统一、爱好和平、勤劳勇敢、自强不息的民族精神，这是我们的民族之魂，也是一直支撑着我们中华民族永远自立自强的脊梁。当我们的炎黄子孙都拥有了这种伟大的精神时，我们的祖国就能够薪火相传，永存生机与活力。

业道酬精 职场赢家

16 心上要有一把不能打开的锁

诵读主体

老锁匠一生修锁无数，技艺高超，收费合理，深受人们敬重。更主要的是老锁匠为人正直，每修一把锁他都告诉别人他的姓名和地址，并且说："如果你家发生了盗窃，只要是用钥匙打开的家门，你就来找我！"

老锁匠年纪大了，为了不让他的技艺失传，人们帮他物色徒弟。最后老锁匠挑中了两个年轻人，将一身的技艺传给他们。

一段时间以后，两个年轻人都学会了不少技艺。老锁匠决定退休了，他要从两个徒弟中选一个做自己的接班人，并将压轴技艺传给他。为此，老锁匠决定对他们进行一次考试。

老锁匠准备了两个保险箱，分别放在两个房间，事先规定，谁能在最短的时间内打开，谁就有资格得到自己的真传。

大徒弟不到十分钟就打开了保险箱，二徒弟却用了半个多小时。众人都以为大徒弟必胜无疑。

老锁匠问大徒弟："保险箱里有什么？"

大徒弟眼中放出了光亮，连忙回答："师傅，里面有很多钱，都是百元钞票。"

二徒弟支吾了半天说："师傅，您只让我打开锁，并没有让我看里面有什么，我当时也只顾开锁了，根本没看里面有什么。"

老锁匠点点头，当众郑重宣布二徒弟为自己的接班人。大徒弟不服，众人不解。老锁匠微微一笑说："不管干什么行业都要讲'诚信'二字，尤其是我们这一行，要有更高的职业道德。我收徒弟是要把他培养成一个技艺高超的锁匠，他须做到心中只有锁而无其他，对钱财视而不见。否则，心有私念，稍有贪心，登门入室或打开保险柜取钱易如反掌，最终只能害人害己。我们修锁的人，每个人心上都要有一把不能打开的锁！"

诵读，伴思想航船远行（第一册）

知人论世

正所谓人无信不立，"诚信"一词价值千金。

一直到现在，"诚信"依然是一个人至关重要的名片。

如何像老子所指出的那样"信者信之，不信者亦信之"地建立起信德，这是整个世界都亟须解决的重大难题。

不必深究"人之初，性本善"（孟子）还是"人之初，性本恶"（荀子），其实每个人心中都会有一些贪心和私欲，所以就需要一把锁来锁住它们，而这把锁就是一个人的诚信。不管做什么样的职业，诚信都是一个人最重要的品质。在每个人的心上，都要有一把不能打开的锁。锁住所有的贪欲和私念，我们在人生旅途中，才会坦坦荡荡，我们才能为心灵的空间打造出一片晴朗开阔的天空。

阅读鉴赏

明末清初有一本叫作《解人颐》的书，书中对欲望有一段生动形象的描述：

终日奔波只为饥，方才一饱便思衣。

衣食两般皆俱足，又想娇容美貌妻。

娶得娇妻生下子，恨无田地少根基。

买到田园多广阔，出入无船少马骑。

槽头扣了骡和马，叹无官职被人欺。

当了县丞嫌官小，又要朝中挂紫衣。

若要世人心里足，除是南柯一梦西。

读罢本文，真切体会到老锁匠的用心良苦，为老锁匠崇高的道德品质和人生境界所感染；同时，也对我们为人处世树起了一道警示牌。

作为一名凡夫俗子，你我他心中免不了有一些私心杂念，这是人之常情，无可厚非，关键是我们怎样对待这些私心杂念：是放任它自由滋长，如洪水般泛滥，还是有所节制，给它牢牢地筑起一道闸门？

智言慧语：在心上装一把锁，锁住我们的贪欲，锁住我们内心的魔障。

人心不足蛇吞象，不是一句空话。做人如掌控不了自己的欲望，将会成为欲望的奴隶，最终为欲望所吞没。

人之求利，在乎情理之中，但君子爱财，应取之有道，如果漠视社会法律、规则、道德，一味地强取豪夺，贪婪成性，那么只能让人唾弃，甚至受到国法行规的惩罚。

私心贪念，如同潘多拉的魔盒，一旦开启，欲望之蛇就会像魔鬼一样，吞噬我们的灵魂，最终只能葬送自己。因此，我们做任何事情，都应该像老锁匠说的那样，必须做到心中有锁而无其他，只有这样，在我们人生的旅途中，才会做到光明磊落。

业道酬精　职场赢家

思考寄语

托尔斯泰曾说过："欲望越小，人生就越幸福！"这话包含着令人深省的人生哲理。它是针对欲望越大，人越贪婪，越易致祸而言的。"身外物，不奢恋"，这是深悟后的明白。谁能做到这一点，谁便会活得潇洒自在。

贪婪是灾祸的源泉。过分的贪婪与吝啬，只会让人慢慢地失去友谊、亲情等；物欲太过旺盛会造成灵魂扭曲，使精神得不到安宁，永远没有快乐可言，只能给人生带来无限的忧愁和伤心。

因此，每个人都要懂得掌握自己的欲望，正确对待财富，切忌小气与贪婪；还要自由地驾驭外物，钱财要取之有道，凭借自己的才能、智慧来获取钱财，从而促成自己身心健康发展。

古语云："钱财乃身外之物。"生不带来，死不带去；正确取之，所得便可喜可贺；用之正道，钱财便助人成就好事。假如成了钱财的奴隶，一点点小钱也看得重如性命，甚至为了钱财忘了义理，一得一失不惜任何手段，那就是钱财的奴隶。

在学习和生活中，我们的心中都要有一把打不开的锁。在考试中，我们要拒绝作弊；拾到别人的钱包，我们要及时还给人家……

没有信，没有德，唯有手艺，是修不成正果的，还有可能误入歧途。在人生与风浪的洗礼中，有了诚信，心中才能有一把永远打不开的锁！